Monsieur le curé, nous ne retournerons point à la mer tant que nous aurons le diable pour voisin. — Page 4.

LES CHEVALIERS DU POIGNARD

PAR

XAVIER DE MONTÉPIN

Prologue — La Légende

I. — LA TOUR D'AMONT

Nous aimons peu les avant-propos et nous nous en abstenons, en thèse générale, avec le plus grand soin.

Cependant quelques lignes d'explications préliminaires nous paraissent ici tout à fait indispensables.

L'étrange aventurier dont nous nous faisons aujourd'hui le chroniqueur n'est point un personnage imaginaire, — sa vie n'est pas un récit de pure invention.

Nous puisons à des sources certaines tous les détails de l'existence bizarre de ce héros funeste, de ce spirituel et terrible bandit dont le nom, jadis aussi populaire que ceux de Cartouche et de Mandrin, est revenu bien souvent dans les naïves légendes avec lesquelles on berçait notre enfance, et qui, aujourd'hui encore, figure avec honneur dans les contes des veillées villageoises.

Nous empruntons aux chroniques locales les détails à demi fantastiques du *prologue* et de l'*épilogue*.

Nous puisons tout le reste dans les immenses documents des archives de la police, mine féconde et encore inexploitée

Nous n'avons pas, en écrivant ce livre, la prétention, si commune aux romanciers et trop souvent mal justifiée, d'instruire ou de moraliser nos lecteurs.

Nous voulons tout simplement les intéresser et les amuser, si faire se peut.

En arrivant à ce but, nous aurons obtenu un succès qui nous semblera d'autant plus beau qu'il est moins commun.

En l'an de grâce 1710, Étretat ne ressemblait guère à ce qu'il est devenu depuis.

Ce village, situé sur les bords de la mer dans la plus belle partie des côtes de la Normandie, ne se composait alors que de cent cinquante ou deux cents chaumières, bâties en galets, couvertes en chaume, et habitées par des pêcheurs qui vivaient, non point de l'argent produit par leur pêche, mais de leur pêche elle-même.

Sa baie, magnifique et sans rivale, formant un amphithéâtre immense borné aux deux extrémités du demi-cercle par des falaises gigantesques percées d'ouvertures naturelles, — arcs de triomphe faits pour des géants et sous lesquels on passe à pied sec quand la marée est basse, — n'attirait encore ni les touristes curieux, ni les peintres épris de grandioses et sauvages magnificences.

Aujourd'hui, lorsque assis sur le galet blanc de la plage,

1860

on regarde la mer verte et transparente monter lentement à ses pieds, on voit, à l'extrémité de la baie, du côté droit, une large roche noire qui domine d'une quinzaine de pieds la surface calme de l'eau.

Cette roche semble se relier à la grève par une succession de récifs; nous disons *semble*, car en réalité, si on voulait tenter le passage, on trouverait ces récifs coupés en dix endroits par des courants rapides et profonds.

A mesure que monte la mer, les récifs sont recouverts d'abord, puis la roche, envahie peu à peu par les flots qui lui font une ceinture mouvante, n'apparaît plus que comme une tache noire à la surface de l'eau, et finit par disparaître entièrement.

On sait alors que la marée vient d'atteindre sa plus grande hauteur.

Voilà ce qui se passe quand la mer est parfaitement calme, et quand une houle légère a ride à peine la surface, qui ressemble à un immense tapis de moire d'un vert pâle.

Mais quand le vent souffle nord-ouest, quand les lames arrivent du large avec leur crête blanche et déferlent sur la plage en imitant le bruit du tonnerre; alors la roche d'*Amont* (c'est ainsi qu'on l'appelle dans le pays) est battue avec acharnement par les vagues qui la heurtent, se brisent contre sa masse inerte et font jaillir au-dessus et autour d'elle un immense panache d'écume.

Vraisemblablement, il y a deux ou trois mille ans, la roche d'Amont dominait la mer, et peut-être sa hauteur ne le cédait-elle en rien à celle des falaises voisines.

Mais le granit, quoiqu'il semble vainqueur dans sa lutte éternelle contre le plus terrible des éléments, subit cependant une destruction progressive et inévitable.

Avec une irrésistible lenteur, la mer use les obstacles qu'elle ne peut briser, et qui oserait affirmer que, dans quelques siècles, les falaises de la Bretagne et de la Normandie n'auront point reculé leurs bornes et subi l'envahissement de l'Océan et de la Manche?

Toujours est-il que, il y a cent quarante et quelques années, le niveau de l'eau, même dans les plus hautes marées, lorsque le temps était calme, n'atteignait jamais le plateau de la roche d'Amont.

Sur ce plateau s'élevait, à cette époque, une construction étrange.

C'était, en forme de tour, un amoncellement de rocs granitiques, sorte de muraille épaisse, construite sans mortier ni ciment et se soutenant par son propre poids.

Des herbes marines et des coquillages s'attachaient à la base de cette bâtisse grossière et cyclopéenne, qui semblait continuer le rocher sur lequel elle était assise.

Cette tour avait un rez-de-chaussée et un premier étage.

Quatre ouvertures très-étroites, semblables aux meurtrières d'une forteresse et correspondant aux quatre points cardinaux, ne laissaient pénétrer à l'intérieur qu'un jour incertain et insuffisant.

Le toit était formé de poutres massives, recouvertes de larges pierres plates assez pesantes pour que le souffle impétueux de la tempête ne pût pas les ébranler.

A cette époque, les récifs n'avaient pas été, eux non plus, rongés et disjoints par l'action des vagues.

Leur chaîne continue formait un sentier glissant et dangereux, par lequel on pouvait arriver à la tour d'Amont quand la marée était basse.

Le reste du temps, c'est-à-dire dix-huit heures sur vingt-quatre, la roche formait une île.

On ignorait complètement par qui et dans quel but la tour d'Amont avait été construite.

Les vieillards presque centenaires se souvenaient que, dans leur enfance, ils l'avaient toujours vue telle qu'elle était et toujours inhabitée.

Elle *jouissait* d'une étrange et effrayante renommée.

Les pêcheurs affirmaient que le démon seul, ou tout au moins quelqu'un de ses fonds de pouvoirs, avait été capable de mouvoir et d'enlasser les uns sur les autres les blocs rocailleux qui formaient les murailles, et dont la plupart étaient d'un poids tel que les forces réunies de cent hommes ne seraient point parvenues à les ébranler.

Or, il avait fallu non-seulement soulever ces blocs, mais encore les équilibrer et les mettre en place sur une étroite plate-forme où l'espace manquait pour installer des grues, des chèvres à poulies et autres machines, inconnues d'ailleurs dans le pays.

Donc, puisque la force humaine était insuffisante, l'inter-

vention infernale devenait manifeste. C'était du moins ce que les pêcheurs et les paysans ne manquaient point de conclure après des dissertations interminables et d'une logique un peu douteuse.

Ajoutez à cela que, rien que dans la dernière période de vingt-cinq ans écoulés, la foudre était tombée quatre fois sur le faîte aigu de la tour, et vous comprendrez facilement la terreur superstitieuse que cette vieille et inhospitalière construction inspirait aux riverains, terreur qui lui avait valu la sinistre appellation de *Tour Maudite*.

Cependant la *Tour Maudite* (que nous désignerons désormais ainsi) avait été habitée autrefois.

Ceci était un fait incontestable.

Quelques hardis marins s'étant hasardés jusqu'à pénétrer dans l'intérieur, non sans force signes de croix, avaient vu, dans l'un des angles de l'unique pièce qui se trouvait au premier étage, un bois de lit grossièrement construit, recouvert d'un amas de paille à moitié pourrie.

En outre, il était évident qu'on avait longtemps allumé du feu dans la cheminée, et, enfin, quelques ustensiles de ménage, en fer et d'une forme tout à fait primitive, étaient disséminés çà et là sur les dalles ou accrochés le long des murailles à des clous rongés par la rouille.

Les explorateurs audacieux de qui l'on tenait ces détails acquirent une véritable célébrité dans tout le pays comme des modèles d'héroïsme, mais personne ne se trouva le courage de suivre leur exemple.

Le plus pauvre des pêcheurs d'Etretat ou des paysans des environs aurait préféré, et de beaucoup, se trouver littéralement seul, plutôt que de chercher un abri dans les vieux murs de la Tour Maudite.

Rien ne troublait donc celle-ci dans sa solitude et dans son isolement sinistres.

Elle appartenait sans conteste aux essaims de corneilles et de goélands qui nichaient dans les embrasures de ses étroites fenêtres et dans les fissures de ses murailles.

Les bateaux de pêche décrivaient un large circuit, plutôt que de s'en approcher en rentrant dans la baie.

Quelques marins, retenus pendant vingt-quatre heures à deux ou trois lieues au large par les vents contraires, affirmèrent, à leur arrivée, qu'ils avaient vu des rayons lumineux filtrer à minuit à travers les meurtrières et se projeter sur les flots.

Justement, la nuit en question était celle du samedi.

On décida que la Tour Maudite devait être un lieu de rendez-vous pour les habitués du sabbat.

Peu s'en fallut qu'à cette occasion deux vieilles femmes ne fussent rôties toutes vives en un feu de fagots, comme véhémentement soupçonnées d'avoir chevauché sur un manche à balai.

Heureusement, l'accusation ne fut point prouvée de façon suffisante, et l'on se contenta de plonger dans la mer, par trois fois et la corde au cou, les pauvres sorcières innocentes.

Voilà où en étaient les choses, relativement à la Tour Maudite, au moment où commence le prologue de ce récit.

Ajoutons seulement que, suivant la marche ordinaire des sentiments absurdes et irraisonnés, la terreur superstitieuse dont nous avons signalé les causes et les effets grandissait d'année en année, de jour en jour et, pour ainsi dire, d'heure en heure.

II. — IL N'Y A PAS DE FUMÉE SANS FEU

Le 5 novembre 1710, la matinée était froide et sombre, le vent soufflait du large, la marée commençait à descendre, et des lames courtes et pressées venaient déferler sur le galet.

La mer était dure, sans être précisément *méchante* [1].

Une demi-douzaine de pêcheurs, vêtus de vareuses goudronnées, chaussés de longues bottes de cuir écru montant jusqu'au milieu des cuisses et coiffés de bonnets de laine écarlate, s'apprêtaient à mettre à la mer deux canots, afin d'aller *cueillir leurs cordes*, c'est-à-dire lever les lignes dormantes qu'ils avaient tendues la veille au soir.

Tout à coup l'un d'eux, jeune homme de dix-huit à dix-neuf ans, donna des signes manifestes de la plus profonde stupeur.

[1] Tous les mots soulignés dans notre récit sont des termes empruntés au langage usuel des pêcheurs de Normandie.

Il laissa tomber les avirons qu'il portait sur son épaule droite.

Il poussa une exclamation inarticulée et joignit ses deux mains après les avoir élevées au-dessus de sa tête.

— Eh bien, Tranquille, qu'est-ce qu'il y a donc, mon garçon? — demanda un autre pêcheur dans cet horrible patois normand dont nous n'obséderons pas nos lecteurs sous prétexte de couleur locale.

Le jeune homme ainsi interpellé ne répondit pas d'abord.

Le vieux marin répéta sa question, accompagnée d'un assez joli coup de poing appliqué entre les épaules de celui à qui elle s'adressait.

— La Tour Maudite!... la Tour Maudite!... — balbutia Tranquille.

— Eh bien, quoi?

— Regardez...

Les regards se tournèrent aussitôt vers le point désigné, et un étonnement non moins manifeste que celui du jeune pêcheur arrondit aussitôt tous les yeux et agrandit toutes les bouches.

Un mince filet de fumée blanchâtre s'élevait au-dessus du toit de la Tour Maudite, tranchant sur le ciel gris et se perdant en zigzags capricieux.

Quoi de plus simple en apparence?

Quoi de plus terrible en réalité?

Cette fumée inoffensive prenait pour les pêcheurs des proportions tout à fait fantastiques.

D'après leurs idées, ils ne pouvaient conclure en effet que deux choses :

Ou la Tour Maudite cessait de faire mystère de son infernale origine et devenait, d'une façon authentique et irrécusable, un soupirail de l'enfer.

Ou bien la sinistre demeure avait reçu un hôte pendant la nuit précédente, et alors quel pouvait être cet hôte?

Tous les pêcheurs se posaient cette question.

L'un d'eux, par une sourde exclamation échappée à la terreur, se chargea d'y répondre.

— C'est le diable! — s'écria-t-il.

Cette solution trouva de l'écho.

Les cinq autres voix répondirent : — C'est le diable!...

— Par la Notre-Dame de Fécamp!... — dit au bout d'un instant de silence un vieux marin, dont les cheveux blancs comme de l'argent tranchaient d'une façon vigoureuse sur son visage dur et hâlé, qui avait les tons chauds du cuivre rouge, — nous sommes dans une belle passe, ma foi, si le diable vient comme cela s'établir chez nous!

— Ainsi, père Denis Coquin, — demanda le jeune Tranquille, — vous êtes comme nous, vous croyez que c'est le diable?...

— Eh! qui veux-tu que ce soit, mon garçon?... Est-ce qu'une créature humaine raisonnable et craignant Dieu consentirait à passer une nuit dans la Tour Maudite, et à y allumer du feu... quand bien même ça devrait être pour sauver sa vie?...

— Grand Dieu, non!... — répondirent les pêcheurs d'un air convaincu.

— Pour ma part, — reprit le père Coquin, — je répondrais bien que ce que nous voyons là-bas est mauvais signe pour le pays... Il arrivera du malheur dans Étretat cette année, mes enfants... Les roches déchireront nos filets, le vent chavirera nos barques, le feu brûlera nos chaumières, la maladie tombera sur nous et sur nos enfants comme la misère sur un pauvre homme...

Le vieux pêcheur s'interrompit pour reprendre haleine.

— Ah! d'abord, — s'écria un autre marin, Zéphyr Samson, profitant de cette minute de silence pour s'emparer de la parole, — ah! d'abord, ce n'est pas moi qui voudrais mettre mon canot en mer, tant qu'on verra fumer la cheminée de la Tour Maudite... oui, quand bien même on m'offrirait de me donner en mariage la fille du roi, ou, à mon choix, cinq cents pistoles...

— Ni moi...

— Ni moi... — Ni moi non plus!... — dirent les uns après les autres tous les pêcheurs.

— Allons, rehissons nos canots sur le galet...

— C'est ça ; mais qu'est-ce que vont devenir nos cordes?...

— Elles deviendront ce qu'elles pourront... Mieux vaut les perdre que de risquer d'avoir le cou tordu, ou de chavirer en pleine mer, ce qui ne manquerait pas d'arriver...

— Oh! certainement!...

— Pourtant, — hasarda un grand et beau garçon de vingt à vingt-deux ans, marin intrépide, hardi pêcheur, ne redoutant ni la bourrasque, ni la tempête, n'ayant pour d'âme qui vive et ne craignant que Dieu et le diable, — pourtant, si la Tour Maudite continue à fumer, seulement pendant une quinzaine de jours, nous ne pourrons pas nous laisser mourir de faim, et c'est ce qui arrivera si nous ne pêchons plus...

— Eh! — s'écria le père Denis Coquin avec une sorte de colère, — tu en parles bien à ton aise, toi, Alain Poulailler!... Voyons, sais-tu un moyen d'empêcher le diable de garder la Tour Maudite?...

— Sans doute, — répondit froidement Alain.

— Et ce moyen, quel est-il?

— C'est de l'en chasser...

Le vieux père Coquin haussa les épaules.

— L'en chasser!... — répéta-t-il. — Fais-moi donc le plaisir de me dire un peu comment on s'y prendra, pour l'en chasser?... — Sera-ce toi ou moi, par hasard, qui nous en chargerons?...

— Ni vous ni moi, père Coquin.

— Eh! qui donc?

— M. le curé.

Tous les pêcheurs se regardèrent.

Cette idée si simple n'était venue à aucun d'eux.

— Oui, M. le curé, — reprit Alain Poulailler, — lui qui n'a pas plus peur du diable que je n'ai peur, moi, d'une chatrouille! Avec quelques paroles de son gros livre de messe et avec quelques gouttes d'eau bénite, nous verrez s'il n'éteint pas le feu qui fait cette fumée, et s'il ne noie pas dans la mer celui qui a allumé ce feu...

— Il a, ma foi, raison!... — s'écria le père Coquin. — C'est drôle, je n'avais pas pensé à ça, moi...

— Allons chercher M. le curé, — dit Zéphyr Samson.

— Il ne pourra pas venir tout de suite, — répondit Alain.

— Et à cause?...

— A cause qu'il est à l'église dans ce moment-ci... la messe sonnait comme nous arrivions sur le Perrey.

— Eh bien, allons à l'église... nous entendrons la messe et nous ramènerons M. le curé avec nous...

Cet avis ne rencontra pas d'opposant.

Les six pêcheurs rentrèrent dans le village, se dirigeant vers l'église, qui est située à plus d'un quart de lieue du bord de la mer, et, chemin faisant, ils s'arrêtaient à la porte de chaque chaumière, racontant l'événement étrange qui jetait le trouble et la terreur dans tous les esprits.

Bientôt le village entier fut averti de ce qui se passait.

En moins d'un quart d'heure, la plage était couverte de monde.

S'arrêter à chaque pas n'est point le moyen d'aller vite ; aussi nos pêcheurs arrivèrent-ils à la porte de l'église au moment où le curé en sortait, après avoir terminé sa messe.

Ce prêtre était jeune encore, de haute taille, d'une belle et noble figure.

Il nous suffira, pour le décrire au moral, d'ajouter qu'il consacrait sa vie à la pratique ardente des trois vertus théologales : la foi, l'espérance, la charité.

Quant à son instruction, elle était sérieuse et profonde ; ce qui est assez dire que son esprit restait inaccessible aux superstitions vulgaires qu'il s'efforçait de détruire, mais sans grand succès, dans la cervelle étroite de ses paroissiens. Ce point était seul lequel l'abbé Bricord rencontrât dans le pays une résistance opiniâtre.

Lorsqu'il s'efforçait de démontrer aux pêcheurs et aux paysans l'absurdité palpable de certaines croyances fortement enracinées, ses interlocuteurs l'écoutaient en silence, ne répondant à ses arguments que par quelques membres de phrase dans le genre de ceux-ci :

— Ah! dam!... je ne dis point non, monsieur le curé...

Ou bien : — Ça se pourrait bien que vous auriez raison tout de même...

Ou encore : — Oh! vous en savez plus long que nous là-dessus, vous qui êtes un savant, monsieur le curé...

Et malgré la logique irrésistible du jeune prêtre, leurs convictions restaient dans leur esprit, solides et inébranlables comme la roche granitique sur laquelle était assise la Tour Maudite.

Persuadé désormais de son impuissance à l'endroit des superstitions villageoises si profondément enracinées, l'abbé Bricord avait fini par ne prendre son parti, et il n'entamait plus de discussions sans résultat et dans lesquelles il risquait souvent de voir la patience lui échapper.

— La nuit est trop épaisse encore dans ces pauvres intelligences, — se disait-il. — Ils prennent le flambeau pour une torche... Attendons.

L'église d'Étretat, dont la construction remonte au douzième siècle, est un monument assez curieux du style de l'architecture byzantine.

Un porche, orné de sculptures grossières, précède la nef. L'abbé Bricord, nous le répétons, traversait ce porche au moment où il rencontra les pêcheurs.

Tous les six ôtèrent simultanément leurs bonnets rouges.

— Mes enfants, — leur dit le prêtre en s'arrêtant, — est-ce le bon Dieu, ou bien est-ce moi que vous venez chercher ici?...

— C'est vous, monsieur le curé... — répondit le père Coquin, — c'est à vous que nous avons affaire...

— Eh bien, que me voulez-vous, mes enfants?...

Nous venons vous prier de prendre votre gros livre, votre eau bénite, votre goupillon, et de venir avec nous sur le Perrey.

— Mais, — fit l'abbé Bricord, — je n'avais point entendu dire qu'il y eût un nouveau canot ou une nouvelle barque à bénir aujourd'hui...

— Oh! il n'y en a pas non plus.

— Alors, pourquoi me demander, ainsi que vous le faites, de porter sur la plage le missel et l'eau bénite?...

— Oh! monsieur le curé, ce n'est pas d'une bénédiction qu'il s'agit...

— Ah! — murmura l'abbé Bricord avec étonnement.

— Il s'agit de maudire!... il s'agit de chasser!... — reprit le vieux pêcheur.

Le prêtre recula d'un pas et sembla pâlir.

— Maudire!... chasser!... — répéta t-il, — et qui donc?...

— Le diable, — répondit le père Denis Coquin d'une voix sombre.

III. — L'ABBÉ BRICORD — ALAIN — THÉMISE

En entendant les dernières paroles prononcées par le vieux pêcheur, l'abbé Bricord avait repris aussitôt sa figure calme et bienveillante.

Seulement, un léger sourire, qui s'efforçait de ne point paraître ironique, entr'ouvrait ses lèvres et laissait voir ses dents blanches et bien rangées.

— Chasser le diable!... — répéta-t-il. — Eh! mes pauvres enfants, je le chasse autant que je puis, et ce que je demande à Dieu dans mes prières, avec le désir le plus ardent d'être exaucé, c'est d'éloigner de nous ce tentateur qui rôde sans cesse autour de nos âmes...

Et le jeune prêtre ajouta, mais tout bas : — *Quærens leo quem devoret!...*

— Ah bien! par exemple, — répliqua le père Coquin qui n'avait pas compris le moins du monde que l'abbé Bricord parlait au figuré, — le bon Dieu ne vous a pas écouté pour cette fois-ci, monsieur le curé... il a laissé venir le diable... et c'est pour ça que nous voudrions que vous vous donniez la peine de venir le chasser...

— Je vous accompagnerai partout où vous le voudrez, mes enfants; mais enfin, ce démon dont vous parlez, où est-il?...

— Dans la Tour Maudite.

— Ah! ah!... vous en êtes bien sûrs?

— Oui, monsieur le curé.

— Vous l'avez vu?...

Le vieux pêcheur hésita avant de répondre; mais cette hésitation fut de courte durée.

— Non, monsieur le curé, nous ne l'avons pas vu, mais c'est tout comme...

— Quelqu'un, alors, vous a dit l'avoir vu?...

— Non, monsieur le curé, personne.

— Expliquez-vous mieux, dans ce cas, je vous en prie, car je ne vous comprends guère.

— Monsieur le curé, il sort de la fumée de la Tour Maudite!...

Et le père Coquin s'arrêta, convaincu que cette phrase allait produire sur son interlocuteur le même effet qu'elle aurait produit sur lui-même, si elle lui avait été dite dans une semblable circonstance.

Son attente fut déçue.

— Eh bien? — demanda simplement l'abbé Bricord.

— Monsieur le curé! — s'écria le pêcheur, — je vous dis qu'il sort de la fumée de la Tour Maudite!... Est-ce que vous trouvez que ça ne prouve rien?...

— Cela prouve évidemment qu'il y a du feu, — répondit l'abbé Bricord en souriant de nouveau. — Je n'ai point la prétention de nier l'infaillibilité du proverbe qui affirme qu'*il n'y a point de fumée sans feu.*

— Mais ce feu, monsieur le curé, ce feu, qui l'a allumé?

— Je n'en sais rien, ni vous non plus, à ce qu'il paraît.

— Nous ne le savons que trop, au contraire, monsieur le curé, c'est le diable!...

L'abbé Bricord haussa les épaules.

— Mes pauvres enfants, — fit-il d'un ton moitié indulgent, moitié sévère, — si vous me disiez cela un soir de *caudrée*, je croirais que le gros cidre vous a porté à la tête et vous a ôté le bon sens et la raison...

— Ainsi, monsieur le curé, — reprit avec un grognement sourd de l'intelligence, que la contradiction irritait, — ainsi vous ne croyez point qu'il sort de la fumée du toit de la Tour Maudite?... Nous nous sommes pourtant mis à six pour la voir, cette fumée, et avec douze bons yeux, je vous en réponds!...

L'abbé Bricord frappa légèrement du pied.

— Ah! — s'écria-t-il, — ce ne sont pas les yeux du corps qui vous manquent, pauvres esprits aveugles que vous êtes!... ce sont les yeux de l'intelligence!... Ce n'est point la fumée que je nie, c'est la cause à laquelle vous l'attribuez!... Laissez donc là vos suppositions absurdes, qui viennent déjà de me faire commettre le péché d'impatience, dont je m'accuse et dont je me repens, et retournez tranquillement à votre besogne.

Et l'abbé Bricord, saluant de la main le groupe des pêcheurs, fit quelques pas pour s'éloigner.

Le vieux Denis Coquin se gratta l'oreille, et dit : — Comme ça, monsieur le curé, vous ne voulez point venir à notre aide?...

— De quelle façon l'entendez-vous, mon ami?

— J'entends que vous refusez de porter sur le Perrey votre gros livre et votre eau bénite, et de chasser le diable en disant des paroles...

— Oui, certes, je refuse.

— Et pourquoi?

— Parce que si Dieu, dans certains cas, a accordé à ses ministres sur la terre le droit et le pouvoir d'exorciser le malin esprit, les formules de l'exorcisme, dans une circonstance comme celle qui se présente aujourd'hui, ne seraient et ne pourraient être qu'une cérémonie dérisoire, par conséquent sacrilége.

— Ah bien! puisque c'est comme ça, — répliqua le vieux pêcheur en remettant son bonnet rouge et en l'enfonçant jusque sur ses yeux, orageux symptôme qui ne manquait jamais de faire trembler sa femme et ses dix enfants, — puisque c'est comme ça, nous n'avons plus qu'à dépecer nos barques et qu'à en faire du bois à brûler!...

— Êtes-vous fou, Denis Coquin! — dit vivement l'abbé Bricord, — et que signifie cela?...

— Dam! monsieur le curé, nous ne retournerons point à la mer, pour sûr, tant que nous aurons le diable pour voisin... et puisque vous ne voulez pas le chasser...

Il n'eut pas le temps d'achever.

— Ah! pauvres têtes faibles! — s'écria le jeune prêtre, — pauvres ignorants et pauvres aveugles qui refusez de vous laisser conduire et éclairer par celui qui voit plus loin que vous et mieux que vous, il faut donc vous céder, sous peine de voir votre entêtement et votre crédulité enfanter des malheurs... Que Dieu me pardonne ma faiblesse! je vais avec vous...

— Monsieur le curé, — hasarda le père Coquin, radieux de la première victoire qu'il venait de remporter, — n'oubliez pas le gros livre et l'eau bénite.

— Je n'en aurai pas besoin, — répondit l'abbé Bricord, — venez...

Et il se dirigea rapidement vers la plage, suivi de son cortége de pêcheurs.

Quand ils arrivèrent sur le galet, tous les habitants du village, hommes, femmes et enfants, s'y trouvaient déjà réunis.

Leurs regards, exprimant toutes les variétés de la curiosité et de l'effroi, se fixaient avec obstination vers la Tour Maudite, que couronnait toujours son aigrette de fumée blanchâtre.

Rien n'éveille l'imagination comme la terreur.

Un certain nombre de paysans affirmèrent, — et de la meilleure foi du monde, — qu'une très-forte odeur de soufre venait jusqu'à elles.

A l'arrivée du prêtre, toutes les têtes se découvrirent et le silence le plus absolu régna sur la plage.

— Monsieur le curé, — dit le père Coquin en touchant doucement le coude de l'abbé Bricord, — voyez-vous?...

— Sans doute, je vois cette fumée dont vous m'avez parlé...

— Eh bien, monsieur le curé, voici ce qui arrivera tout à l'heure : quand vous aurez dit vos paroles, la Tour Maudite s'écroulera dans la mer avec un fracas épouvantable, et le diable disparaîtra sous la forme d'un serpent de feu, ou sous toute autre non moins horrible...

— Je ne dirai pas de paroles... — la Tour ne s'écroulera point dans la mer... vous ne verrez aucun serpent de feu... et je calmerai vos inquiétudes d'une façon beaucoup plus simple...

— Laquelle donc, monsieur le curé?

— Je vais aller à la Tour Maudite... J'y pénétrerai, et je saurai par qui est allumé ce feu dont la fumée cause votre épouvante...

Le vieux pêcheur leva les mains vers le ciel.

— Ah! miséricorde, — s'écria-t-il ensuite avec une douleur sincère, — notre bon curé n'a plus sa tête!...

L'abbé Bricord sourit de nouveau, de son même sourire doux et un peu railleur.

Il ne répondit point à Denis Coquin.

— Mes enfants, — fit-il en s'adressant à un groupe de jeunes gens qui l'entouraient, — je vais à la roche d'Amont, mettez un canot à la mer, je vous prie...

Après une demi-minute d'hésitation, trois jeunes gens se détachèrent du groupe.

Ils firent glisser un canot sur le galet, et bientôt la légère embarcation se trouva à flot.

La stupeur était générale.

— Maintenant, — reprit le curé, — qui vient avec moi?

Un profond silence accueillit cette demande.

— Qui vient avec moi?... — reprit l'abbé Bricord.

Même silence.

— Eh bien, — dit alors le prêtre, voyant que personne ne se présentait, — j'irai seul, et, avec l'aide de Dieu, j'arriverai...

Et il se dirigea vers le canot qui, retenu par une longue corde, dansait furieusement sur les lames.

En ce moment un jeune homme s'avança.

C'était Alain Poulailler, celui qui, le premier, avait donné l'idée d'aller chercher le prêtre.

— Ma foi, monsieur le curé, — fit-il, — votre peau vaut mieux que la mienne, et puisque vous vous risquez, je puis bien me risquer aussi... D'ailleurs, tout seul et n'ayant pas l'habitude de manier l'aviron, vous resteriez en route, et, surtout, vous ne viendriez jamais à bout d'aborder la roche... Je vais avec vous, monsieur le curé...

Ces paroles produisirent une impression profonde sur les assistants.

Alain Poulailler prit aussitôt dans l'esprit de tous les pêcheurs assemblés des proportions gigantesques.

Seulement on entendit, au milieu de la foule, pousser un faible cri.

Une jeune fille venait de s'évanouir à demi dans les bras de ses compagnes.

Cette jeune fille était tout à fait gracieuse et charmante.

La capeline du pays encadrait merveilleusement son visage frais et rond, dont les riches couleurs rappelaient celles des plus belles pommes de Normandie.

Ses cheveux et ses yeux étaient noirs, d'un noir bleuâtre et velouté.

Un corsage de gros drap brun dessinait sa taille ronde et souple, qui ne connaissait ni le secours du busc, ni les ressources menteuses du corset.

Sa jupe courte, d'une étoffe de laine rouge ressemblant à de la flanelle, laissait voir, jusqu'un peu au-dessus de la cheville sa jambe fine, chaussée de bas de coton bleu, et son petit pied enfermé dans un petit sabot de bois brut.

Cette jeune fille qui se nommait Artémise Vatinel, et, par abréviation, *Thémise*, n'offrait dans ses ajustements, comme on le voit, rien de ce qui constitue en général la bergère ou la pêcheuse d'opéra-comique.

Sa beauté vivace et luxuriante, pleine de sève et de verdeur, n'avait besoin d'aucun art pour sembler complète, et donnait un charme infini au simple costume que nous venons de décrire.

Thémise et Alain s'aimaient, du moins le disait-on généralement dans le village.

Après ce qui venait de se passer, il devenait, on en conviendra, tout à fait impossible d'en douter encore.

Peut-être, si Alain Poulailler avait entendu le petit cri poussé par Thémise et s'il avait vu son demi-évanouissement, peut-être sa résolution d'accompagner l'abbé Bricord à la Tour Maudite aurait-elle chancelé.

Mais Alain était déjà trop loin sur le galet pour rien voir et pour rien entendre.

IV. — LE DIABLE.

Vraisemblablement nos lecteurs s'étonnent des singuliers noms que nous donnons à nos personnages.

Denis Coquin, — Zéphyr Samson, — Tranquille Dragon, — Artémise, etc... — Voilà, certes, pour des paysans, des appellations étranges.

Nous n'en disconvenons point, et nous nous bornons à affirmer que ces noms, nous ne les inventons pas.

Le village d'Etretat compte, aujourd'hui, quinze cents âmes.

Eh bien, les deux tiers au moins des familles s'appellent Coquin, — Samson, — Valin, Vatinel, etc...

Les *Coquin* passent même généralement pour les plus honnêtes gens du pays.

Voilà pour les appellations de famille. — Nous ne nous chargeons nullement de les expliquer.

Quant aux petits noms, les plus usités sont ceux-ci : Zéphyr, — Tranquille, — Alain, — Sénateur, — Artémise, — Cléopâtre, — Radegonde, etc...

C'est donc aux usages du pays, et non pas à nous, qu'il faut attribuer cette bizarrerie.

Cela dit, passons.

L'abbé Bricord était descendu si bas sur la plage, que l'écume de la mer venait mouiller ses pieds.

Alain Poulailler pesa sur la corde au bout de laquelle dansait le canot.

La petite barque s'approcha de terre aussitôt, et l'abbé Bricord s'apprêtait à s'y élancer, quand une gigantesque exclamation, composée du cri simultané de quatre cents personnes, retentit soudainement.

— Regardez!... regardez!... — disaient toutes ces voix.

Un homme d'une très-haute taille et d'une apparence étrange venait de sortir de la Tour Maudite, et s'avançait sur les bords de la plate-forme.

Cet homme, autant du moins que la distance permettait d'en juger, portait une longue barbe rousse qui retombait jusque sur sa poitrine.

Ses cheveux, de la même couleur, étaient au contraire coupés ras à fait ras.

Il était vêtu d'une sorte de justaucorps, de toile à voile et d'une de ces petites jupes grises comme en portent les pêcheurs bretons.

Sa tête et ses jambes restaient nues.

Pendant une ou deux secondes, il conserva l'immobilité la plus complète, puis il rentra dans la Tour.

Il en ressortit presque aussitôt, portant une petite barque sur ses épaules.

Il fallait que la barque fût bien légère ou que la force de l'inconnu fût surnaturelle, car son fardeau ne l'empêchait point de marcher d'un pas ferme et hardi sur les pointes des rochers baignés par la lame.

Quand il eut atteint un endroit où il se trouvait au niveau de la mer, il s'arrêta; il se débarrassa du canot qu'il portait et le laissa glisser sur un plan incliné de la roche.

Puis il bondit dans cette frêle embarcation, qui sembla près de chavirer sous ses pieds et qui disparut complètement, cachée par une vague énorme.

Les pêcheurs et les paysans rassemblés sur la plage regardaient cette scène avec une stupeur et une curiosité qu'il est facile de se figurer.

Toutes les poitrines étaient haletantes, personne ne respirait plus, — le jeune prêtre lui-même se sentait ému et troublé.

Pendant un instant, chacun crut que l'esquif venait de sombrer.

Il n'en était rien.

On le vit presque aussitôt reparaître au sommet d'une lame, flottant comme un bouchon de liège.

Alors l'inconnu dressa un petit mât, déploya une voile

carrée, et, serrant le vent au plus près, le canot se dressa d'abord comme un cheval trop ardent qui se cabre quand on lui fait sentir le mors; puis il se mit à bondir sur les flots avec la rapidité de l'éclair.

L'inconnu gouvernait de manière à traverser la baie dans toute sa largeur et à gagner la pleine mer, de l'autre côté des falaises de gauche.

— Ah! —s'écria Denis Coquin, — du train dont va cette coquille de noix, elle sera sens dessus dessous dans trois minutes, à moins que ce ne soit le diable qui la conduise... ce que je crois toujours...

En même temps, et comme pour donner raison aux paroles du vieux pêcheur, un violent coup de vent coucha presque entièrement sur le côté l'esquif de l'inconnu.

Le sommet du mât laboura la mer.

Denis Coquin se frotta les mains d'un air de triomphe.

— Voilà la chose!...—murmura-t-il,—je savais bien que ça finirait comme ça, et...

Mais il n'acheva pas.

Le canot s'était redressé et continuait sa course furieuse.

Denis Coquin arracha son bonnet de laine et courut à l'abbé Bricord.

— Monsieur le curé... monsieur le curé, — murmura-t-il d'une voix haletante,—j'espère que vous n'en doutez plus... C'est le diable! le grand diable d'enfer!... Au nom du bon Dieu, ne le laissez pas échapper quand vous l'avez comme ça sous la main!... — Dites une parole, une simple parole, et vous allez tout voir s'engloutir..., la barque et le patron...

— Denis Coquin, —fit le jeune prêtre d'un ton sévère,— est-ce sérieusement que vous me priez de demander à Dieu la perte d'un de vos semblables?...

— Un de mes semblables!... — répéta le vieux pêcheur en reculant avec épouvante. — Ah! grand Dieu!... monsieur le curé, ne dites pas des choses comme ça, ou je suis perdu! — Vous ne me croyez point?... Eh bien, voyons, faites seulement le signe de la croix..., rien que le signe de la croix, monsieur le curé... et vous verrez...

Denis Coquin parlait d'une voix tellement suppliante, et d'ailleurs sa demande avait pris des proportions si modestes, que le prêtre crut pouvoir accéder à cette prière.

Il éleva sa main droite, il l'étendit vers les flots, et il traça dans l'air la forme sacrée d'une croix.

Sans doute l'inconnu aperçut ce geste et comprit quelle signification il devait avoir, s'adressant à lui.

Il se dressa tout debout dans la barque, et l'on entendit un éclat de rire sardonique retentir au-dessus du bruit de la mer qui brisait sur le galet.

Ce fut tout.

Contrairement à l'espoir si profondément enraciné dans l'esprit de Denis Coquin, le canot ne disparut point, et il continua à courir sur la crête des flots, comme un cheval emporté.

Au bout de quelques minutes, il doubla la pointe d'Aval et disparaissait.

Quand l'étrange embarcation eut cessé d'être en vue, il sembla qu'un poids venait d'être enlevé de dessus la poitrine de chacun.

Jusqu'à ce moment, on avait gardé le silence, ou, au moins, on n'avait parlé qu'à voix basse.

Toutes les langues se délièrent à la fois, et ce fut à qui ferait les plus absurdes commentaires au sujet de ce qui venait de se passer.

Le vieux Denis Coquin se faisait remarquer surtout par une animation extraordinaire.

Il allait d'un groupe à l'autre, pérorant, gesticulant, et répétant avec une inébranlable conviction : — C'est le diable!... oui, le diable... et si M. le curé avait voulu tant seulement dire *les paroles*, vous auriez vu...

— Cependant, — hasarda Alain Poulailler, — M. le curé a fait le signe de la croix sur la mer, et ça n'a rien produit...

— D'abord, — reprit vivement le vieux pêcheur, — il ne faut pas dire que ça n'a rien produit, puisqu'à ce moment-là le diable a fait une horrible grimace...

— Nous avons entendu un éclat de rire...

— Sans doute... il ricanait, le maudit... mais ce n'était que par bravade... Au fond, ça le brûlait comme si on l'avait touché avec un fer rouge... Je l'ai bien vu, moi, il riait à la façon des gens qui ont le feu dans le corps... et puis la vérité est que le signe de la croix ne suffisait pas... Ah! si M. le curé avait voulu dire *les paroles*... mais il ne l'a pas voulu...

Et, après avoir ainsi parlé, Denis Coquin allait répéter les mêmes choses d'un autre côté.

L'abbé Bricord était retourné au presbytère.

Le jeune prêtre priait avec ardeur. Il priait Dieu d'envoyer un peu de sa lumière à ces pauvres intelligences obscurcies.

     ——

Pendant toute la journée, les marins et les paysans d'Étretat demeurèrent sur la plage.

Ils ressemblaient à ces essaims d'abeilles qui bourdonnent confusément aux alentours de leur ruche, quand un événement imprévu, tel que l'invasion de quelque frelon ennemi, est venu mettre le désordre et l'effroi parmi elles.

Aucun canot ne prit la mer ce jour-là.

Vers le soir, on vit tout à coup une voile brune apparaître à l'horizon, comme un point imperceptible, mais qui grandissait rapidement.

— Oh! oh! — fit Zéphyr Samson — qu'est-ce que c'est que ça?

— Ce n'est pas un bateau d'ici, pour sûr, — répondit Tranquille Dragon, — personne n'est allé à la mer...

— Alors, — répliqua Alain Poulailler, — ça sera quelque canot d'Yport ou de Fécamp qui va louvoyer en serrant la côte...

Denis Coquin n'avait encore rien dit.

Il se faisait une espèce de lunette d'approche avec ses deux mains, et il regardait.

— Ça, mes enfants!...—s'écria-t-il au bout d'un instant, — c'est la barque du diable!... elle a le cap sur la Tour Maudite!... elle revient!..., j'en mettrais ma main droite au feu et ma tête avec!...

Le vieux pêcheur ne se trompait pas.

En effet, à mesure que le bateau avançait, — et Dieu sait s'il marchait vite! —chacun reconnaissait les formes grêles et la petite voile carrée de l'esquif fantastique.

Bientôt on put distinguer l'inconnu avec sa haute taille et sa longue barbe rousse.

Quand son embarcation fut arrivée à cent pas de la roche d'Amont, il cargua sa voile.

L'allure du canot se ralentit; mais telle était la force de l'impulsion, que l'avant de l'esquif vint toucher la roche, sans que celui qui le montait eût eu besoin de se servir des avirons.

On le vit démonter tranquillement son mât, déployer une longue corde dont l'une des extrémités s'attachait à la proue du canot, puis s'élancer sur la plate-forme, à l'endroit précis où il s'était embarqué quelques heures auparavant.

Alors il attira à lui l'embarcation, parut la soulever sans peine, et, la chargeant de nouveau sur ses robustes épaules, il disparut avec elle dans l'intérieur de la Tour Maudite.

Bientôt une fumée blanchâtre, mais plus épaisse que celle du matin de ce même jour, monta vers le ciel à travers les fissures du toit délabré.

Cette fumée s'épaississait peu à peu.

Elle devint grise, puis noire, puis elle prit des tons rougeâtres, à mesure que l'obscurité descendait sur la terre.

Le diable faisait son souper!...

V. — LA BALLE D'ARGENT.

Pénétrons, si vous le voulez bien, dans la pièce principale du presbytère d'Étretat.

Cette pièce, située au premier étage de la seule maison du village qui fût construite en pierre et qui eût un premier étage au-dessus du rez-de-chaussée, était vaste et décorée avec une simplicité toute monacale.

Les murailles, jadis blanchies à la chaux, avaient depuis bien longtemps échangé leur blancheur primitive contre un ton grisâtre, résultant de la fumée et de la poussière.

Au lieu de plafond, des solives mal équarries et des poutrelles saillantes.

Au lieu de parquet, ou même de plancher, des briques fort médiocrement ajustées.

L'ameublement consistait en un lit de bois de sapin, supportant une paillasse et un matelas, et à demi caché entre de grands rideaux d'indienne imprimée en couleur.

Une douzaine de planches, formant les rayons, étaient chargées des cent et quelques volumes qui composaient la petite bibliothèque de l'abbé Bricord.

Une commode en vieux bois de chêne noirci, une petite table ronde et quatre chaises de bois brut complétaient tout l'ameublement.

Quatre ou cinq images de dévotion, curieuses par la naïve originalité du dessin et de la couleur, se voyaient le long des murailles.

Au lieu de pendule, il y avait sur la cheminée une petite statuette de la Vierge. L'abbé Bricord avait placé, de chaque côté de cette statuette, quelques magnifiques coquillages des mers tropicales qui lui avaient été rapportés par un marin du pays revenu de ces contrées lointaines.

Le seul objet de luxe qui se trouvât dans cette chambre était l'une de ces montres d'argent, toutes rondes à force d'être épaisses, que les gens des campagnes appellent *oignons*.

Cette montre, pendue à un clou, était unique à Étretat.

Elle indiquait huit heures du soir au moment où nous nous introduisons auprès de l'abbé Bricord.

Ce dernier marchait lentement et à pas égaux dans la chambre, éclairée tout à la fois par une petite lampe de fer et par les flammes joyeuses d'un fagot de joncs marins.

Il tenait à la main un vieux bréviaire, relié en basane noire à coins de cuivre, et il achevait l'office du soir avant de faire honneur au souper qui se trouvait tout servi sur la petite table ronde au coin du feu.

Ce souper consistait en un tourteau cuit dans l'eau de mer, en un morceau de pain bis et en un pot de terre brune rempli d'un cidre aigrelet et coupé d'eau.

On voit que le bon abbé Bricord ne se montrait point sybarite en ses goûts.

Il venait de tourner le dernier feuillet.

Il venait de dire : *Amen*, après le dernier verset, et il refermait son bréviaire quand la porte s'ouvrit sans qu'on eût frappé.

Une vieille paysanne, assez semblable pour le costume et pour l'apparence à ces sorcières écossaises que Walter Scott aimait tant à décrire, entra brusquement dans la chambre.

— Que voulez-vous, Bérénice? — demanda le jeune prêtre.

— Monsieur le curé, — répondit la paysanne qui servait de domestique à l'abbé Bricord, — il y a en bas quelqu'un qui veut vous parler.

— Qui donc?

— Un pêcheur.

— Lequel?

— Denis Coquin.

— Allons! — pensa l'abbé Bricord, — vraisemblablement c'est encore cette ridicule histoire de ce matin qui va me poursuivre... Mais qu'y faire?

Et, tout haut, il répondit : — Eh bien, qu'il monte...

Immédiatement après, un pas lourd retentissait dans l'escalier, et le vieux pêcheur faisait son entrée.

Denis Coquin tenait à la main respectueusement son bonnet écarlate.

Son visage, encore plus cramoisi que de coutume, atteignait presque le ton violent de sa cravate de laine rouge.

Ses cheveux et ses sourcils blancs tranchaient d'une façon bizarre, comme des broussailles couvertes de neige, sur cette chaude couleur brique.

Denis Coquin semblait extrêmement embarrassé de la démarche qu'il avait à faire.

Ses bras le gênaient, il ne savait où les mettre; ses jambes le gênaient également. Il ne savait quelle contenance garder, et surtout par quelle parole entamer l'entretien.

L'abbé Bricord mettait une innocente malice à ne point le tirer d'embarras et à lui laisser faire les premiers pas.

Ce que voyant, le pêcheur prit son parti.

— Bien le bonsoir, monsieur le curé, — dit-il; — ça va toujours bien, depuis ce matin?... Allons, tant mieux. Moi de même, monsieur le curé... Je suis venu, voyez-vous, pour vous dire quelque chose...

— Asseyez-vous donc, Denis Coquin... — fit l'abbé, voyant que le vieux pêcheur s'arrêtait.

Et il lui tendit une chaise.

Denis Coquin s'assit en effet, et reprit : — Monsieur le curé, vous êtes le plus brave homme de tous les braves gens!... Aussi chacun vous aime dans le pays, Dieu merci! et si n'importe qui voulait vous faire du chagrin en quoi que ce soit, nous serions là!... Mais suffit !...

— Est-ce pour me dire cela que vous êtes venu?... — demanda l'abbé en souriant de ces louanges qui, il le devinait sans peine, ne devaient point être désintéressées.

Le vieux pêcheur continua sans paraître avoir remarqué cette interruption ; — Monsieur le curé, — fit-il, — vous donneriez votre dernier morceau de pain à quelqu'un qui aurait faim,... vous ne faites payer ni les baptêmes, ni les mariages, ni les enterrements à ceux qui n'ont pas le moyen de les payer. Je ne pense donc pas que vous refusiez de me rendre un bon office...

— Un bon office,... — répéta l'abbé.

— Oui, monsieur le curé, et vous ne dites pas non, n'est-ce pas?..

— Encore faut-il savoir de quoi il s'agit,...

— C'est juste, monsieur le curé, c'est juste!... Aussi, je vais vous le dire, et vous allez voir comme c'est facile,...

Denis Coquin croyait faire preuve d'une adresse consommée en employant, ainsi que nous lui voyons faire, toutes sortes d'ambages et de circonlocutions pour arriver à son but.

Cette maladroite habileté ne servait qu'à mettre l'abbé Bricord en défiance.

— Voyons, — dit-il, — parlez, mon cher Denis, expliquez-vous...

Le vieux pêcheur tira de sa poche un écu de trois livres sur lequel, avec la pointe aiguë d'un couteau, il avait tracé une croix.

— Qu'est-ce que c'est que ça? — demanda le jeune prêtre.

— Ça, monsieur le curé, c'est un petit écu, — répondit le pêcheur, — et vous allez voir que, quoique je ne sois plus jeune, j'ai encore la poigne solide.

Tout en parlant ainsi, Denis Coquin, avec une vigueur qu'on devait s'étonner de rencontrer chez un homme de cet âge, pétrissait entre ses mains la pièce d'argent.

Il lui donna d'abord la forme d'une spirale.

Puis, déployant toute sa force et tendant ses nerfs et ses muscles jusqu'à faire craquer la jointure de ses os, il fit de cette spirale une boule d'argent de la grosseur d'une balle de fort calibre.

L'abbé Bricord avait suivi chacun des mouvements du pêcheur avec une curiosité manifeste.

Quand Denis Coquin eut achevé son travail, il en présenta le résultat au jeune prêtre.

— Eh bien? — demanda ce dernier, — qu'avez-vous voulu faire?

— J'ai voulu faire ce que j'ai fait, monsieur le curé.

— Une balle?

— Oui.

— Et dans quel but?

— Eh! mon Dieu, tout bonnement afin de la glisser dans le canon de mon vieux mousquet avec une bonne charge de poudre par-dessous et une bonne rondelle de cuir graissé par-dessus.

— Ah çà! il n'y a donc pas un morceau de plomb dans le pays, que vous vous servez de balle d'argent?...

Denis Coquin se gratta l'oreille.

— Ah! c'est que, voyez-vous, monsieur le curé, — dit-il, — il y a des gibiers qui ont la peau bien dure, et l'argent les tue mieux que le plomb...

— Je suppose que ce n'est pas à ce propos que vous êtes venu me consulter... Vous savez que je ne suis pas chasseur...

— Aussi, monsieur le curé, ce que je viens vous demander... — fit le vieux pêcheur en hésitant, — c'est...

Il s'arrêta de nouveau.

— Eh bien? — demanda l'abbé Bricord, — c'est...

— C'est de bénir cette balle d'argent...

Le prêtre fit un mouvement brusque.

Il redressa sa haute taille, et fixant sur le pêcheur un regard dont ce dernier ne put soutenir la fixité, il dit : — Denis Coquin, j'ai peur de comprendre!... — Voyons, ne mentez pas !... Que voulez-vous faire de cette balle, et pourquoi me demandez-vous de la bénir?

Le vieillard baissa la tête sans répondre.

L'abbé reprit : — Au nom de Dieu que je représente, je vous ordonne de me dire la vérité... toute la vérité!...

Denis Coquin releva la tête, et ses yeux gris étincelèrent sous ses épais sourcils blancs.

— Au fait, — dit-il, — je ne sais pas pourquoi je rougirais de ce que je veux faire... C'est une bonne action, après tout, et vous ne pourrez pas m'en blâmer, monsieur le curé...

— J'attends.

—Eh bien; c'est pour tirer sur lui, et vous savez qu'on ne manque jamais son coup·avec une balle d'argent marquée d'une croix et bénite,

De toute cette phrase, le curé n'avait entendu qu'un seul mot.

— Lui! — répéta-t-il. — De qui voulez-vous donc parler?...

— Eh! pardieu! de lui!... du diable!...

— Encore!... — s'écria le prêtre.

— Ah! c'est qu'il faut vous dire, monsieur le curé, qu'il est revenu... — A l'heure où je vous parle, il sort autant de fumée de la Tour Maudite que de la pipe de Satan!... Mais je vais me mettre en embuscade cette nuit près de la porte d'Amont, et quand le malin esprit prendra la mer avec son bateau fantôme, je lui enverrai la balle d'argent tout droit dans le cœur... Eh bien, monsieur le curé, — ajouta Denis Coquin avec un air de triomphe, — qu'en dites-vous?...

L'abbé Bricord était devenu·très-pâle.

— Malheureux! — s'écria-t-il avec une horreur qu'il ne cherchait point à cacher, — je dis que vous voulez commettre un crime!... un crime abominable!... Celui que vous prenez pour l'esprit des ténèbres est un homme comme vous, je n'en puis douter... un grand coupable peut-être, mais alors sa vie n'en doit être que plus sacrée, car il faut lui laisser le temps du repentir!... Denis Coquin, souvenez-vous de ce que je vais vous dire : Si vous persévériez dans l'infâme projet que, grâce à Dieu, vous m'avez dévoilé à temps, non-seulement j'excommunierais votre âme, mais aussi je livrerais votre corps au bras séculier, comme coupable d'assassinat. Vous seriez pendu, Denis Coquin, pendu et damné!... Ne l'oubliez pas, et bonsoir...

Le vieux pêcheur fut tellement atterré de ce qu'il venait d'entendre qu'il ne songea même pas à emporter avec lui la balle d'argent (qui, de sa valeur, comme nous savons, était de trois livres); il sortit de la chambre, descendit l'escalier et quitta le presbytère.

Toutes les idées étaient bouleversées.

Le chaos se faisait dans son esprit, où, d'habitude, ne régnait déjà pas un ordre bien grand.

Pendant cinq minutes, il marcha sans trop savoir où il allait.

Enfin, au bout de ce temps, son moral se raffermit tant soit peu.

Il secoua la tête et murmura : — Certainement, notre monsieur le curé est un bien bon curé!... mais c'est bien drôle qu'étant un si bon curé, il protége autant le diable!...

VI. — INTÉRIEURS.

Huit jours environ avant les événements que nous venons de raconter dans les précédents chapitres, — vers onze heures du soir, au moment où la lune large et brillante répandait des torrents de lumière bleuâtre sur la mer unie comme une glace, — un canot à la voile, venant du côté de Fécamp, était arrivé à une portée de mousquet de la Tour Maudite.

Un seul homme montait ce canot.

Il abattit sa voile, prit les avirons, et, ramant avec précaution, de manière à ne faire aucun bruit, il vint aborder les récifs qui se trouvaient alors découverts, car la marée était basse.

L'inconnu, fort remarquable par sa haute stature et sa longue barbe rousse, amarra sa barque à une pointe de rocher, et, suivant la chaussée étroite et glissante qui s'offrait à lui, toute couverte d'algues, de varech et d'autres herbes marines, il gagna l'entrée de la Tour Maudite.

Une fois dans l'intérieur, il tira de sa poche une pierre à fusil, un couteau à lame d'acier et de l'amadou; il battit le briquet, et il alluma une petite lanterne dont il était porteur.

Muni de cette lumière, il examina tous les détails de la salle du rez-de-chaussée, puis il monta au premier étage.

Sans doute il fut plus satisfait de cette seconde pièce que de la première, car, au lieu de hocher la tête ainsi qu'il l'avait fait au rez-de-chaussée, un sourire plutôt triste que farouche se dessina sur ses lèvres à plusieurs reprises.

Son examen ne fut pas, du reste, de bien longue durée.

Il redescendit, il éteignit sa lanterne, il remonta dans son canot et se mit à ramer vigoureusement dans la direction par laquelle il était venu.

La nuit suivante, à la même heure que la veille, l'inconnu et sa barque arrivèrent de nouveau.

Cette fois, la petite embarcation était pesamment chargée.

L'homme à la barbe rousse passa plus d'une heure à transporter dans la Tour les différents objets qu'il avait apportés.

Il en fut de même pendant les six nuits suivantes.

La huitième nuit, l'inconnu, au lieu d'amarrer son canot comme de coutume, le fit glisser sur le pan incliné de la roche, l'attira à lui, et, le chargeant sur ses épaules, comme l'aurait fait un homme de force ordinaire, de l'un de ces esquifs en miniature qui servent de jouets aux enfants, il n'en ressortit plus.

Si quelqu'un avait alors pénétré dans la demeure maudite, il aurait été bien surpris d'y voir toutes sortes de provisions rangées en bon ordre.

C'était du bois à brûler, des planches propres à faire des portes et des cloisons, des bottes de paille fraîche, destinées sans doute à entretenir et à renouveler la paille qui couvrait le bois de lit.

Il y avait un mousquet en fort bon état, des pistolets d'arçon, une vieille épée fourbie avec soin, un petit baril de vin, un autre d'eau-de-vie, un tonneau rempli de ce biscuit de mer dont on approvisionne les navires et qui remplace le pain.

Ajoutez à tout cela des avirons de rechange, des voiles, quelques outils dont les constructeurs de canots ont l'habitude de se servir, et enfin, des instruments de pêche en grand nombre, tels que *lignes de fond, tambours, savignas,* etc...

L'inconnu, après avoir mis sa barque en sûreté dans la pièce du rez-de-chaussée, alluma sa lanterne, monta au premier étage; promena autour de lui un regard qui n'était point exempt de cette sorte de satisfaction vaniteuse, particulière aux gens qui viennent de se rendre acquéreurs d'un immeuble, dont l'importance et le comfort satisfont leur amour-propre.

Puis, il arrangea deux bottes de paille sur le vieux bois de lit, il s'enveloppa dans une épaisse couverture de grosse laine, et, s'étendant sur son matelas improvisé, qui en valait bien un autre, il s'endormit à l'instant même de ce sommeil profond qui n'est pas toujours exclusivement réservé aux cœurs purs et aux consciences calmes, — quoique l'affirme un vertueux dicton.

L'inconnu ne se réveilla que lorsque la lumière du jour, pénétrant à travers l'une des meurtrières pratiquées dans la muraille, tomba sur son visage.

Il sauta en bas de son lit, il regarda avec une satisfaction évidente les aménagements qu'il n'avait encore pu examiner qu'à la lumière.

Puis il alluma du feu afin de préparer son déjeuner.

C'était un peu après le moment que Denis Coquin était arrivé sur la plage en compagnie d'Alain Poulailler, de Zéphyr Samson, de Tranquille Dragon et de quelques autres pêcheurs, et qu'ils avaient aperçu la fumée blanche qui s'échappait du toit de la Tour Maudite.

Nous connaissons déjà les résultats de cette découverte.

Nous avons conduit nos lecteurs sur la plage d'Étretat.

Nous les avons introduits successivement dans l'intérieur du presbytère et dans celui de la Tour Maudite.

Nous allons leur faire visiter maintenant l'humble chaumière de Fabien Vatinel.

Cette chaumière, située à mi-côte, sur la gauche du village, et, par conséquent, dominant le Perrey, ne passait point pour l'une des plus pauvres du pays.

D'après celle-là, qu'on juge des autres.

Elle était bâtie moitié en galets grossièrement assemblés avec un mortier jaunâtre, moitié en terre glaise pétrie avec de la paille.

De petits carreaux verdâtres et d'une forme tout à fait irrégulière étaient enchâssés dans la muraille même, et tenaient lieu de fenêtres.

Le toit de chaume, à crête de terre, couvert de mousse et de végétations parasites, ressemblait à l'échine voûtée et anguleuse d'une vache maigre.

L'unique porte se fermait avec une serrure de bois

L'intérieur se composait de deux chambres, séparées l'une de l'autre par une cloison de planches à peine équarries.

Le sol n'était ni planchéié, ni même carrelé, il s'était contenté de battre la terre avec du salpêtre, afin de lui donner plus de consistance.

La légende du *Juif-Errant* et celle des *Quatre fils Aymon*, imprimées sur papier gris et ornées de figures enluminées, étaient attachées avec quatre clous sur les murs.

La première pièce servait de cuisine et de salle commune à toute la famille, et de chambre à coucher aux parents.

La table, l'armoire, le lit, le bahut, les chaises, tout était en bois de sapin et du travail le plus grossier. A peine avait-on pris soin d'équarrir le bois avant de le mettre en œuvre.

Thémise et ses trois sœurs couchaient dans l'autre chambre, où se trouvait aussi le métier à tisser de la jeune fille, qui gagnait quatre sous par jour à faire des mouchoirs de cotonnade pour la fabrique de Bolbec.

Thémise avait dix-huit ans, et nous avons, un peu plus haut, esquissé son portrait.

Ses sœurs n'étaient encore que des enfants.

Une marmite remplie de pommes de terre, suspendue à la crémaillère au-dessus de la flamme brillante d'un feu de joncs marins, répandait dans la chaumière son épaisse vapeur.

Le pêcheur Fabien, debout auprès de la porte, fumait silencieusement une petite pipe noire.

Jeanne Vatinel, sa femme, disposait sur la table les fourchettes de fer et les assiettes de faïence à grandes fleurs rouges et jaunes.

Thémise, assise au coin de la cheminée, était toute pâle encore de son émotion et de son évanouissement du matin.

Les trois petites filles jouaient, au milieu de la chambre, avec un chat noir et blanc, auquel elles tiraient la queue et les oreilles, et qui se laissait faire avec une bonhomie bien propre à réhabiliter la race féline dans l'esprit de ses détracteurs.

C'était le moment où Denis Coquin allait prier l'abbé Bricord de bénir la balle d'argent.

La porte s'ouvrit et Alain Poulailler entra.

— Bonsoir, la compagnie... — dit-il.

Thémise tressaillit légèrement, et, si pâle qu'elle était d'abord, elle devint aussitôt toute rouge, comme une pivoine en fleur.

Fabien Vatinel, sans desserrer les dents, prit cordialement la main que lui tendait le nouveau venu.

Alain Poulailler était un garçon fort bien vu de tout le monde et très-aimé dans le village.

Sa force, sa hardiesse comme marin, son habileté comme pêcheur, lui avaient conquis l'estime générale, en même temps que la douceur et la bienveillance de son caractère lui conciliaient l'affection.

Il possédait une chaumière, un petit champ dans lequel la récolte de pommes de terre était excellente : il avait un canot et ses filets, il était en outre jeune et bien tourné.

Tout cela faisait de lui le meilleur parti d'Etretat.

Fabien Vatinel et sa femme n'avaient donc pas été médiocrement flattés, quand ils avaient vu Alain Poulailler venir chez eux, avec une assiduité dont ils devinaient bien la véritable cause.

La beauté de Thémise était l'irrésistible aimant auquel obéissait Alain.

Les deux jeunes gens s'aimaient d'amour tendre.

Alain dit bonjour à la vieille mère, il caressa le chat, il embrassa les petites filles, puis il alla s'asseoir en face de Thémise, de l'autre côté de la cheminée, et, au lieu d'entamer la conversation comme de coutume, en parlant de la pluie et du beau temps, du vent et de la mer, de la pêche de la veille et de celle du lendemain, il se renferma dans un profond silence, tout en regardant la jeune fille à la dérobée.

VII. — LES ACCORDAILLES

Sans doute Thémise devinait la cause de la taciturnité de son amoureux, car elle ne semblait ni s'en étonner, ni s'en offenser.

Ce silence courait donc grand risque de durer indéfiniment, si Fabien Vatinel ne l'eût rompu tout à coup en s'adressant au jeune homme.

— Dis donc, Alain, — lui demanda-t-il, — pourquoi que te voilà, à ce soir, comme ça, tout *chose*?... T'étais plus dégourdi que ça, à ce matin, sur le *gal* [1]...

[1] *Gal*, abréviation usitée parmi les pêcheurs, pour dire le *galet*.

— Ah! père Vatinel, — répondit Alain, — c'est que j'ai une chose dans l'esprit, voyez-vous, qui me tourmente..

— Du chagrin?

— Pas du chagrin, mais du souci.

— A cause?

— A cause que j'ai une demande à faire à quelqu'un...

— Eh bien?...

— Et que, poursuivit le jeune homme, si on me refuse ce que je veux demander, aussi vrai que je m'appelle Alain Poulailler, que je suis bon chrétien et que je connais bien mon état de pêcheur, je n'aurai plus qu'à piquer une tête du haut de la falaise, depuis la *Tour-aux-Demoiselles* dans la mer...

Disons en passant que la falaise, à l'endroit désigné par Alain, était taillée à pic et d'une effrayante hauteur.

Fabien Vatinel se mit à rire.

— Vous riez !... s'écria vivement Alain.

— Dam! oui, car j'imagine que si celui de qui dépend ce que tu désires savait qu'il ne tient qu'à lui de te faire faire un pareil saut, il faudrait qu'il eût bien mauvais cœur pour te refuser...

— Ainsi, demanda Alain, si c'était vous?...

— Oh! si c'était moi, je te répondrais : Accordé d'avance !...

— Quoi que ce soit ? murmura le jeune homme transporté de joie.

— Ma foi oui, quoi que ce soit... à moins que la chose ne fût impossible, comme de te faire pêcher du hareng frais au mois de juillet dans la baie d'Etretat, ou de te prêter quarante-cinq livres tournois... Par malheur, ce n'est pas à moi que tu veux faire ta demande, et, tout ce que je puis pour ton service, c'est de te souhaiter bonne chance...

— Père Vatinel, dit Alain, peut-être vous trompez-vous...

— Comment?

— Père Vatinel, mon bonheur ou mon malheur sont entre vos mains...

— Alors, parle, mon garçon... Mieux vaut que ton bonheur dépende de moi que d'un autre... t'es plus sûr de ton affaire...

— Père Vatinel, j'ai eu vingt et un ans à la Saint-Michel...

— Je sais... je sais...

— J'ai une maison, un champ, un canot et des filets...

— La maison est solide, le champ rapporte, le canot est neuf, les filets aussi, et rien n'empêche d'ajouter que tu t'en sers avec agrément...

— Tout ça c'est pour vous dire, père Vatinel, que si j'avais une femme, je serais bien en état de soutenir mon ménage, quand bien même il arriverait un enfant neuf mois après le jour de la noce, et toujours comme ça pendant une demi-douzaine d'années...

— Je n'ai jamais prétendu le contraire, répondit Fabien.

Jeanne Vatinel écoutait avec attention.

Quant à Thémise, elle avait passé successivement par toutes les nuances, depuis le rose le plus vif jusqu'au pourpre le plus foncé.

Pour le moment, elle était violette.

Alain Poulailler reprit, mais avec une hésitation qui trahissait sa modestie et le peu de confiance qu'il avait en lui-même :

— Eh bien! père Vatinel... voyez-vous, il n'y a qu'un mot qui serve...

— Alors, dis-le donc, ce mot...

Alain s'arma de tout son courage, et il balbutia plutôt qu'il ne prononça les paroles suivantes :

— Thémise et moi... nous nous aimons... et nous nous sommes promis de nous épouser... sauf votre consentement, bien entendu...

— Ah! ah! — s'écria Vatinel avec un joyeux éclat de voix, — le voilà donc ce grand secret!... ce secret si bien caché que personne ne s'en doutait!... Il y a beau temps, ma foi, que je vois que vous vous aimez!... je le savais peut-être avant que vous le sachiez vous-mêmes?... Vous vous êtes promis de vous épouser!... eh bien, mes enfants, épousez-vous...

— Vous consentez? murmura Alain transporté de joie.

— Pourquoi donc pas?

— Ah! père Vatinel, il faut que je vous embrasse!...

Et joignant l'action aux paroles, le jeune pêcheur se jeta au cou du vieux Fabien.

— Eh! mon garçon, s'écria ce dernier, tout suffoqué de cette chaleureuse étreinte, prends donc garde à ce que tu fais!... tu vas casser ma pipe!... Tiens, embrasse plutôt Thémise... ça te fera plus de plaisir... et à elle aussi...

Alain ne se fit point répéter deux fois cette permission.

Il prit la jolie fille dans ses bras, et il couvrit ses joues brunes et fraîches de baisers retentissants qui n'en ternirent point, comme bien on le pense, les couleurs éclatantes.

Les trois jeunes sœurs de Thémise avaient cessé de tourmenter le chat et regardaient de tous leurs yeux.

La vieille mère Vatinel elle-même, prenant un petit air guilleret, se rappelait le temps jadis et se sentait toute rajeunie.

— Eh bien, père Vatinel, — dit Alain, quand la première ébullition de son joyeux délire se fut un peu calmée, — à quand la noce?

— Mon garçon, — reprit le vieux marin, — nous irons dimanche prochain trouver M. le curé, et nous nous arrangerons avec lui pour faire publier les bans... Je crois que rien n'empêchera de célébrer le mariage vers les fêtes de Noël!.. Ah çà! tu vas souper avec nous?... J'ai là un petit baril de genièvre que j'ai trouvé la semaine passée en mer... pour sûr ça vient de l'Anglais : c'est autant de pris sur l'ennemi; nous l'étrennerons.

Alain n'avait garde de refuser l'obligeante proposition de Vatinel.

Il s'assit à côté de Thémise.

Il fit honneur aux pommes de terre bouillies, honneur au beurre salé qu'on servit en même temps, honneur aussi au baril de genièvre.

Cependant il ne se sentit point capable de tenir tête jusqu'à la fin au pêcheur, qui avalait rasade sur rasade, comme si son gosier eût été garni d'étain et son estomac doublé de fer-blanc.

La brûlante liqueur, à la longue, produisit son effet.

Vatinel commença à déraisonner, à chanter, à parler haut.

Il cria qu'il voulait monter dans sa barque et s'en aller, tout seul, combattre le diable à la Tour Maudite.

Peu à peu sa voix devint indistincte; sa tête alourdie roula d'une épaule à l'autre et finit par tomber sur sa poitrine.

Il dormait de ce lourd et profond sommeil que procure l'ivresse de genièvre.

Alain le porta sur le lit et revint, au coin du feu, reprendre sa place auprès de Thémise.

La vieille mère mena coucher les petites filles, et feignit ensuite d'avoir à s'occuper d'une foule de menus détails domestiques.

En réalité, son but était de laisser les amoureux s'isoler dans leur causerie.

Cette causerie fut longue et charmante.

C'étaient des projets sans fin pour l'avenir, qui apparaissait aux deux jeunes gens sous les plus riantes couleurs.

Ils se voyaient déjà installés dans leur chaumière, dont Alain allait faire reblanchir à neuf tous les murs. Ils se voyaient, heureux et souriants, entourés d'une demi-douzaine de petits garçons et de petites filles, desquels Alain promettait de faire de hardis marins, et Thémise de bonnes ménagères.

Pourquoi faut-il que presque toujours la réalité vienne si vite jeter son crêpe sombre sur les beaux rêves et les riantes illusions de la jeunesse!...

Les remontrances, et surtout, — disons-le, — les menaces de l'abbé Bricord, avaient décidé Denis Coquin à renoncer aux projets d'extermination que nous l'avons entendu manifester relativement à l'hôte de la Tour Maudite.

Une quinzaine de jours s'étaient écoulés.

Les pêcheurs s'accoutumaient peu à peu à voir le canot à la voile brune, monté par l'inconnu, traverser la baie le matin et revenir le soir à la Tour.

L'un d'eux, monté sur la plus haute des falaises, avait observé la marche et les allures de l'esquif mystérieux.

Il avait vu l'homme à la barbe rousse *cueillir* tranquillement les *cordes*, lever les *tambours* placés par lui la veille, et remplir ainsi le réservoir de sa barque de congres, de plies, de carrelets, de tourteaux, de homards et de salicoques.

Cette occupation n'avait rien d'infernal.

Quand le bruit se fut répandu dans le village que l'inconnu, au lieu de passer son temps à des conjurations bizarres pour évoquer les esprits de la mer et pour faire naître la tempête, l'employait tout bonnement à pêcher, la disposition des esprits à son égard changea peu à peu et devint insensiblement moins hostile.

Au lieu de la terreur qu'il faisait naître d'abord, il n'excita plus que beaucoup de curiosité et de défiance.

On ne croyait plus aussi fermement qu'il fût un démon ; et cependant les marins, quand ils le rencontraient au large, forçaient aussitôt de voiles pour éviter de passer trop près de son canot.

Personne ne pouvait se persuader qu'une créature humaine qui n'aurait pas eu quelques accointances plus ou moins lointaines avec l'enfer, eût poussé l'audace et la folie jusqu'à s'installer dans la Tour Maudite.

Nous avons dit plus haut que les marins d'Étretat, éloignés de toute espèce de communications, ne vendaient pas, ou pour ainsi dire pas le résultat de leur pêche.

L'argent était rare ; peu de gens se seraient décidés à acheter, ne fût-ce que cinq sous, tel homard aux pattes énormes qui se vendrait aujourd'hui vingt francs.

Les habitants d'Étretat pratiquaient donc le système de la banque d'échange.

Ainsi le boulanger donnait un pain et recevait une morue fraîche; un turbot magnifique représentait une once de tabac à fumer; on troquait du fil, des aiguilles contre deux douzaines de carrelets, etc., etc.

Ces transactions commerciales, d'une simplicité primitive, suffisaient à toutes les nécessités de ces gens simples, qui, ayant peu de désirs, avaient peu de besoins.

Si une petite somme d'argent leur devenait indispensable, ils attendaient le jour où le hasard avait jeté dans leurs filets quelque capture d'une beauté rare, pour aller la vendre au Havre, soit une paire de barbues gigantesques, soit une demi-douzaine de homards gros comme des enfants.

Mais ces pérégrinations étaient rares.

VIII. — TAMBOURS ET CORDES.

Les détails dans lesquels nous venons d'entrer au sujet de la façon dont les marins d'Étretat tiraient parti du produit de leur pêche avaient pour but d'expliquer ce qui va suivre.

Un jour, six semaines environ après l'arrivée dans le pays de l'homme à la barbe rousse, quelques pêcheurs, assis et fumant leurs pipes sur les barres des cabestans qui leur servaient à hisser leurs barques sur la plage, virent l'hôte étrange de la Tour Maudite mettre son canot à la mer, ainsi qu'il le faisait chaque jour, et procéder à l'appareillage.

Mais, à leur grande surprise, au lieu de gouverner vers le large, il mit la barre sur l'intérieur même de la baie, et vint en quelques minutes s'échouer sur le galet.

Il sauta hors de la petite embarcation, qu'il tira assez avant sur la grève pour que les lames, en venant mourir au rivage, ne pussent point l'atteindre; il chargea sur ses épaules une grande manne d'osier remplie de poissons et de *rocaille*[1], et se dirigea vers le village d'un pas ferme et rapide.

Comme bien on pense, l'étonnement et la curiosité furent au comble.

A ces deux sentiments se joignait un reste de frayeur.

Hommes, femmes, enfants se mirent sur leurs portes pour voir passer l'inconnu, qui ne semblait nullement embarrassé de se sentir le point de mire de tant de regards.

Chacun put alors confirmer ou modifier à loisir l'idée juste ou fausse qu'il s'était faite de ce personnage.

L'examen attentif, la minutieuse investigation dont il se trouva l'objet ne lui furent point favorables.

Sa haute taille, ses épaules d'Hercule Farnèse, ses sourcils épais, et surtout la longueur et la couleur de sa barbe, lui donnaient l'air d'un géant farouche, de l'un de ces *Croque-Mitaines* dont on épouvante les petits enfants.

Cependant l'expression de ses yeux était douce et presque bienveillante, et les traits de son visage auraient semblé beaux et réguliers, s'ils n'avaient été accompagnés de cette énorme barbe en désordre, qui, disaient les femmes du pays, avait dû être roussie au feu de l'enfer.

L'inconnu, suivant tout droit la rue principale, arriva chez le boulanger.

Il entra; il mit par terre la manne remplie de poissons qu'il portait sur son épaule, et, après l'avoir ouverte, il dit : — Prenez là dedans ce que vous voudrez, et donnez-moi du pain.

Le boulanger n'osa refuser.

---

[1] Les pêcheurs désignent sous le nom collectif de *rocaille* les homards, les tourteaux, les équilles, les salicoques, etc., etc.

Il donna le pain demandé, et prit dans la manne un *bar* qui pesait dix à douze livres.

L'inconnu remercia et sortit.

Il pratiqua le même système d'échange pour des légumes et pour du tabac ; il trouva même moyen de se procurer ainsi deux poules maigres à moitié mortes de vieillesse.

Sans doute il était las de ne manger jamais que du biscuit et du poisson, et il voulait goûter un peu de pain frais, des pommes de terre cuites sous la cendre et de volaille bouillie ou rôtie.

Chargé de ces acquisitions, il regagna sa barque dont les pêcheurs, en son absence, avaient examiné avec une superstitieuse admiration les formes élégantes et fines et la surnaturelle légèreté ; et, la poussant à la mer d'un coup d'épaule, il retourna à la Tour.

A partir de ce jour, une fois par semaine, et souvent plus, l'inconnu venait au village, afin de s'y munir des objets dont il avait besoin.

Peu à peu on commença à se familiariser, sinon avec lui, du moins avec son aspect.

Personne ne lui adressait la parole, il est vrai, mais aussi personne ne se détournait plus pour éviter de le rencontrer sur son passage.

Il produisait à peu près l'impression d'un reptile qui a causé d'abord une profonde terreur, et qui n'inspire qu'une sorte de répugnance instinctive quand on a cru s'apercevoir qu'il n'avait pas de venin.

L'inconnu comprenait à merveille quel était à son égard le sentiment général.

Peut-être souffrait-il de cette muette réprobation ; dans tous les cas, il ne faisait rien que ce fût pour s'y soustraire et pour se gagner la confiance et la sympathie.

Extrêmement taciturne, il n'avait de rapports qu'avec les gens auxquels il proposait quelque échange, et encore ne disait-il alors que le nombre de paroles strictement nécessaire, ne discutant jamais et laissant toujours celui avec qui il traitait libre de terminer l'affaire à sa guise.

Une seule personne dans tout le village ne ressentait, au fond du cœur, aucun éloignement pour l'inconnu.

C'était Alain Poulailler.

Le mariage du jeune pêcheur avec sa bien-aimée Thémise avait été célébré aux fêtes de Noël, ainsi que nous avons entendu Fabien Vatinel en décider.

Alain, complètement heureux de ce bonheur infini des premières lunes de miel, n'oubliait point que c'était à l'évanouissement de Thémise sur le galet qu'il devait d'avoir su combien il était aimé, et d'avoir trouvé en lui-même la résolution nécessaire pour faire, le soir même, sa demande en mariage.

Or, l'inconnu de la Tour Maudite avait été la cause de cet évanouissement dont nous connaissons les résultats, et Alain lui savait bon gré d'avoir coopéré à son bonheur, quoique d'une manière indirecte et involontaire.

Le jeune pêcheur fit donc quelques avances à l'homme à la barbe rousse ; mais ces avances ne furent accueillies qu'avec une réserve et une froideur qui empêchèrent Alain d'aller plus avant.

Excepté lui, nous le répétons, chacun dans le pays nourrissait, à l'endroit de l'inconnu, un sentiment de répugnance malveillante, qu'un reste de crainte seul empêchait de se traduire en actes hostiles.

Les uns voyaient en lui quelque grand coupable qui, sans aucun doute, avait vendu son âme au démon.

Les autres allaient plus loin et affirmaient encore qu'il devait être, sinon le diable lui-même, du moins quelqu'un de ses très-proches parents.

Avons-nous besoin d'ajouter que tel était l'avis de Denis Coquin ?

— *Espérez* [1] un peu, — disait-il, — *espérez* un peu... vous verrez bien comment tout ça finira... Ah ! si notre M. le curé avait voulu... mais il n'a pas voulu... aussi n'en parlons plus !...

Et il hochait la tête d'une façon significative, et son silence expressif en disait plus long que ses paroles.

Quant à l'abbé Bricord, quand on lui parlait de l'inconnu, il ne manquait jamais de répondre, avec son évangélique charité : — C'est une pauvre créature, égarée et peut-être aveugle, qui offense Dieu en ne remplissant aucun de ses devoirs religieux, et qui perd son âme !... Plaignons-le, mes enfants, plaignons-le, et prions pour lui !...

[1] *Espérez*, attendez.

Laissons s'écouler un intervalle de quelques mois pendant lesquels il ne se passa rien qui mérite de fixer notre attention et de trouver place en ces pages.

L'union d'Alain et de Thémise s'était montrée féconde.

La jeune femme était devenue grosse aussitôt après son mariage, et, au moment où nous reprenons notre récit, on attendait, non plus de jour en jour, mais d'heure en heure, l'instant de la délivrance.

La venue au monde de ce premier-né devait être une grande joie pour Alain et pour la famille de sa femme.

Le repas du baptême serait si splendide, qu'on en parlerait certes longtemps dans Étretat, et Denis Coquin, le parrain choisi par la mère de Thémise, Jeanne Vatinel, qui devait être la marraine, et Denis Coquin, disons-nous, se mettait de se griser ce jour-là plus qu'il ne l'avait fait depuis le jour de ses noces, c'est-à-dire depuis une trentaine d'années environ.

C'était un vendredi matin.

La sage-femme, arrivée des *Loges* tout exprès, venait de déclarer que la journée ne se passerait pas sans amener un heureux accouchement.

— Alors, — dit Alain, — à demain le baptême et le repas. Je vais cueillir mes cordes et lever mes tambours, car il faut que nous ayons du poisson.

Et après avoir embrassé la jeune femme, qui bientôt serait une jeune mère, il se dirigea vers le Perrey.

Quand il arriva sur la plage, il ventait frais. La mer, houleuse et dure, commençait à monter.

— Je n'ai pas de temps à perdre, — pensa le pêcheur en jetant dans la barque une gaffe et des avirons, et en la mettant à flot avec l'aide de deux ou trois autres marins qui se trouvaient là. — Heureusement, sitôt que j'aurai tourné la pointe, le vent sera pour moi et me mènera en moins d'une demi-heure au cap d'Antifer.

— Alain, — dit Tranquille Dragon à notre personnage, au moment où il s'apprêtait à sauter dans le canot, — à ta place, moi, je ne sortirais pas aujourd'hui...

— Et pourquoi ça ?

— Parce qu'il commence à venter dur, et que, tout à l'heure, la mer deviendra méchante...

— Bah ! — répondit Alain, — n'y a point de risque !... La mer, vois-tu, ça me connaît... elle ne voudrait pas me faire de mal... surtout aujourd'hui... — ajouta-t-il mentalement.

Et, poussant un joyeux éclat de rire, il s'élança dans la barque, que d'un vigoureux coup de gaffe il éloigna ensuite du rivage.

Puis il saisit les avirons et se mit à *nager* [1] vigoureusement afin de sortir de la baie, où l'action du vent, contrarié par les falaises, ne lui permettait point de mettre à la voile.

Une fois qu'il eut doublé la pointe de l'*Aiguille*, il dressa son mât, hissa ses trois petites voiles et, saisissant le gouvernail, il vit sa barque bondir et voler en avant, se cabrant sur la crête des lames comme un cheval effaré.

En moins d'une demi-heure de cette course furieuse, Alain arriva dans l'endroit où flottaient les *bouées* de ses cordes et de ses tambours.

Il abattit sa voile et retira de l'eau ses outils de pêche, mais non sans peine, car son canot, n'étant plus gouverné, se trouvait pris en travers par de grosses vagues, et dansait et tournoyait de façon à donner le vertige à tout autre qu'à un marin aussi parfaitement aguerri qu'Alain Poulailler.

La pêche, d'ailleurs, était bonne.

Les tambours regorgeaient de tourteaux pesants, aux larges pattes dures comme du marbre, et de homards aux carapaces bleuâtres et fauves.

Plusieurs belles soles, des plies, des carrelets, des limandes, etc... avaient mordu aux hameçons des cordes.

— Allons, — se dit Alain joyeusement, — je crois que le poisson ne manquera pas demain au repas du baptême...

IX. — LA MER SI BELLE (ROMANCE)

En ce moment commençait pour le jeune pêcheur la véritable difficulté de sa tâche.

Ce n'était rien que d'être venu, il fallait maintenant retourner au point de départ, et Alain avait le vent contraire, ce qui devait le forcer à courir des bordées pendant un temps indéterminé.

[1] *Nager*, ramer.

Alain sembla d'abord être protégé d'une façon toute spéciale par le hasard.

A peine avait-il louvoyé pendant quelques minutes, que soudain le vent tourna, comme s'il eût compris avec quelle impatience le jeune homme souhaitait se retrouver dans sa chaumière auprès de Thémise.

Alain commença par bénir son heureuse chance; son canot ne marchait pas, il volait.

Mais bientôt le pêcheur, regardant en arrière, comprit qu'il venait d'échanger une fatigue contre un péril.

L'horizon, dans la direction du Havre, était devenu noir comme de l'encre.

On voyait, dans le lointain, *moutonner* la crête des vagues énormes, non plus transparentes, mais d'un vert sale, ce qui indiquait que la mer était remuée et troublée jusque dans la profondeur de ses plus incommensurables abîmes.

En outre du fracas des flots qui se heurtaient, on entendait retentir des sifflements de mauvais augure.

Les grands goëlands aux ailes blanches et les mouettes grises quittaient par bandes les trous qu'ils habitaient dans les fissures des falaises et venaient tournoyer au-dessus des lames en faisant retentir leur cri aigu et joyeux.

— Voici la tempête!... — se dit Alain. — Tranquille Dragon avait raison, j'aurais mieux fait de rester là-bas!...

Mais quoiqu'il ne se dissimulât point que sa position allait sans aucun doute devenir critique, son visage ne pâlit point et il n'en tint pas la barre du gouvernail d'une main moins habile et moins assurée.

Cependant le vent arrivait par rafales impétueuses.

Les voiles, trop tendues, menaçaient de se déchirer; le mât craquait; le canot tremblait sous les pieds d'Alain, comme s'il eût compris le danger.

Parfois l'avant tout entier plongeait dans la mer par un violent coup de tangage, et, alors, pendant la vingtième partie d'une seconde, aucune prévision humaine n'aurait pu décider si le canot allait se relever ou disparaître.

Dans cette extrémité, que faire et quel parti prendre?...

Il ne fallait point songer à abattre les voiles. La frêle embarcation, n'étant plus chassée en avant, se trouverait le jouet des vagues, qui l'auraient démolie en un instant.

Alain se décida à risquer le tout pour le tout et à continuer à courir devant le vent comme il le faisait.

Cette manœuvre seule offrait au pêcheur une chance de salut.

Pendant dix minutes qui lui semblèrent dix siècles, Alain put espérer que son étoile veillerait sur lui jusqu'au bout.

Il arrivait à la hauteur de l'*Aiguille*.

Encore quelques secondes, et un coup de barre donné à gauche allait le lancer dans l'enceinte de la baie où les souffles de la tempête, brisés par le rempart des falaises, ne pouvaient le poursuivre avec leur impétuosité farouche et mortelle.

Mais le mauvais génie de la mer s'irritait sans doute de lâcher ainsi sa proie.

Une dernière rafale de vent, plus terrible que toutes les autres, brisa le mât comme une allumette et l'emporta avec la grande voile.

En même temps une vague énorme, s'écroulant à l'arrière du canot, démonta le gouvernail.

C'est alors qu'Alain se sentit perdu.

Il se trouvait livré, sans aucun moyen de défense ou de sauvetage, à la merci de la mer furibonde!

Il allait mourir!

Mourir à vingt-deux ans!... mourir, abandonnant sur la terre une veuve de vingt ans et un pauvre petit enfant qui ne connaîtrait son père!...

C'était triste! Le cœur d'Alain se gonfla dans sa poitrine, de grosses larmes coulèrent une à une le long de ses joues.

A un quart de lieue à peine, il apercevait le rivage. Là était le bonheur, la famille, sa femme, son enfant!...

Et son âme ne toucherait plus le blanc galet de la plage d'Etretat, il n'embrasserait plus Thémise!... il ne verrait pas son enfant!...

Alain, saisissant de ses deux bras le tronçon du mât, afin de n'être pas renversé, se mit à genoux dans la barque.

L'une de ces prières courtes et ferventes, admirables de foi, sublimes d'espérance, que les marins trouvent dans leur âme à l'heure des suprêmes dangers, s'échappa de ses lèvres pour demander à Dieu de lui accorder la vie.

— O Vierge sainte, — murmura-t-il ensuite, si grâce à votre intercession j'échappe à ce péril de mort, je fais vœu de suspendre dans votre chapelle un petit canot, fait de ma main, et tout pareil à celui que je monte... Je promets de brûler en votre honneur, l'un après l'autre et pendant chacun des mois de l'année, douze cierges du poids de deux livres... Je m'engage en outre à faire, pieds nus et la corde au cou, un pèlerinage, depuis le galet d'Etretat jusqu'au cœur de l'abbaye de Fécamp.

Tandis qu'Alain priait ainsi, la petite barque, emportée par les vagues furieuses, continuait à avancer rapidement, et c'était déjà un miracle qu'elle ne fût point chavirée à chaque seconde.

Malheureusement, la force du vent et de la mer, au lieu de pousser l'esquif au rivage, l'entraînait dans la direction de la roche d'Amont et des écueils qui l'entourent.

Déjà il n'en était plus qu'à deux portées de fusil...

Alain vit alors l'inconnu sortir de la Tour Maudite, s'avancer jusqu'au bord de la plate-forme et élever ses mains en signe de compassion et d'épouvante.

La barque marchait toujours.

Soudain la mer s'entr'ouvrit devant elle et découvrit, à travers des nappes d'écume, le noir squelette d'une roche aiguë.

Cette roche était le centre d'un entonnoir dans lequel l'esquif se précipita comme la foudre.

Alain fut renversé du choc.

Il entendit un craquement terrible; puis le canot, brisé dans sa membrure et soulevé par une nouvelle lame, se renversa sur le pêcheur, qui roula dans les abîmes entr'ouverts et perdit connaissance.

Au moment où le canot touchait sur l'écueil, l'homme à la longue barbe avait poussé un cri terrible.

Puis, se dépouillant rapidement du peu de vêtements qu'il portait, il s'était précipité, avec un héroïsme surhumain, au milieu de ces tourbillons qui venaient d'engloutir le pêcheur.

Quand Alain reprit connaissance, il lui fut impossible d'abord de se rendre compte de ce qui s'était passé et de l'endroit dans lequel il se trouvait.

Couché sur deux bottes de paille devant un feu vif et pétillant qui séchait ses vêtements mouillés et le réchauffait jusque dans la moelle de ses os, il voyait, comme à travers un songe, les murailles sombres d'une grande pièce qui lui était inconnue.

Peu à peu la mémoire lui revint.

Il se souvint des moindres particularités de son naufrage, et comme il connaissait l'intérieur de toutes les chaumières d'Etretat et qu'il avait la certitude de n'être dans aucune d'elles, il conclut de là qu'il devait se trouver dans l'intérieur de la Tour Maudite.

Afin de s'en assurer mieux, il se souleva sur son coude et il promena son regard autour de lui.

Il aperçut alors, assis auprès de l'une de ses meurtrières qui laissaient pénétrer dans la tour une lumière pâle, l'homme à la barbe rousse, tranquillement occupé à raccommoder un filet dont quelques mailles s'étaient déchirées.

— Ah! ah! — dit ce dernier en voyant le mouvement d'Alain et en laissant son travail pour s'approcher du jeune pêcheur, — il paraît que ça va mieux...

— Oui, — répondit Alain d'une voix faible.

— Comment vous trouvez-vous?

— Bien...

— Qu'éprouvez-vous?

— La tête me tourne et le cœur me manque...

— C'est que vous avez bu beaucoup d'eau de mer... Attendez, je vais vous guérir.

L'inconnu prit un petit pot de terre qui chauffait sur les charbons ardents, et il en versa le contenu dans un gobelet d'étain qu'il présenta au jeune homme.

— Buvez... — dit-il.

Alain obéit et se trouva, tout aussitôt, soulagé et ranimé.

La potion de l'inconnu n'avait pourtant rien que de bien simple, elle consistait en un mélange d'eau-de-vie, de genièvre et de sucre.

A mesure que la vie et la force revenaient au jeune homme, il sentait son cœur se remplir d'une reconnaissance infinie pour celui qui venait de l'arracher à la mort, au péril de sa propre vie.

— Ah! vous m'avez sauvé!... — s'écria-t-il en quittant la paille sur laquelle il était couché et en serrant les deux mains de l'inconnu.

— Oui, — répondit froidement ce dernier, — oui, je vous ai sauvé, et si je vous ai rendu un mauvais service, ce qui est possible, il faut au moins me savoir gré de l'intention...

— Un mauvais service!... — demanda Alain, — que voulez-vous dire?...

— Je veux dire qu'il y a des gens pour qui la vie est un pesant fardeau et qui regarderaient comme leur ennemi l'homme qui les aurait condamnés à porter encore ce fardeau.

— Oh! je ne suis point de ceux-là!... — dit le pêcheur avec effusion.

— Ainsi, vous vous trouvez heureux en ce monde?

— Autant qu'on puisse l'être.

— Tant mieux pour vous; mais alors, puisque vous tenez tant à la vie, comment l'aventurez-vous en allant à la mer par un temps pareil?... C'est plus que de la folie, cela!...

— Je ne prévoyais pas la tempête, — répondit Alain, — et j'avais besoin de poisson et de rocaille pour le repas du baptême de demain...

— Le baptême d'un enfant à vous?—demanda l'inconnu.

— Oui, — répondit le jeune pêcheur avec l'expression d'un légitime orgueil.

— Votre premier enfant, sans doute, car vous êtes bien jeune?

— Oui, mon premier enfant.

— Votre femme est-elle accouchée depuis plusieurs jours?...

— Elle ne l'était pas encore quand j'ai quitté Etretat.. peut-être, maintenant, tout est-il fini...

X. — LA PROMESSE

Après avoir prononcé ces dernières paroles, Alain pâlit. Tout son corps trembla, ses yeux devinrent fixes et son regard prit l'expression d'une terreur profonde.

— Oh! mon Dieu! — s'écria-t-il; — mais il y avait du monde sur le galet, tout à l'heure... — Il y avait Tranquille!... il y avait les autres...

— Eh bien,—demanda l'inconnu,—que vous importe?...

— Ils ont vu les coups de mer emporter mon canot, — reprit Alain avec une sorte de délire, — ils l'ont vu se briser sur les roches... ils me croient perdu...

— Sans doute; mais, encore une fois, que vous importe, puisque vous êtes sauvé, puisque vous êtes vivant?...

— Ah! vous ne me comprenez donc pas! ils vont aller dans le village raconter ce qu'ils ont vu... — on va le répéter à Thémise, et, dans un pareil moment, lui dire que je suis mort, c'est la tuer... Oh! mon Dieu!... mon Dieu!... mon Dieu!...

L'inconnu parut atterré.

Sans doute il comprenait toute la justesse de ces réflexions déchirantes, car il ne répondit pas.

— Il faut que je retourne au village, — poursuivit Alain, — il faut que j'arrive en même temps qu'eux... Je ne veux pas que Thémise meure et mon enfant avec elle... je l'aime, ma Thémise!... je l'aime... je serais cause de sa mort.

Et il se précipita du côté de la porte...

L'inconnu l'arrêta.

— Retourner au village, — dit-il; — mais comment?...

— A la nage...

— Vous n'arriverez pas.

— J'essayerai du moins...

— Malheureux! regardez!... — s'écria l'inconnu en conduisant le jeune homme auprès de l'une des meurtrières.

La tempête grandissait d'instant en instant; les vagues, soulevées comme des montagnes, venaient battre les flancs de la tour, et les murailles massives, formées de blocs entassés, semblaient trembler sous leur choc.

— Dieu, qui a fait pour moi un premier miracle, en fera peut-être un second... — murmura le jeune homme.

— Avant que vous ayez fait dix brasses, votre corps sera broyé sur les écueils et vous serez perdu... bien perdu, cette fois...

— Si je dois finir ainsi, tant mieux!... Je serai mort, au moins, pour Thémise et pour mon enfant.

Et comme il vit l'inconnu faire un nouveau mouvement, il ajouta d'une voix presque menaçante : — Oh! ne me retenez pas!... Je vous dis que je dois partir... je vous dis que je veux partir...

En parlant ainsi, Alain s'élança dans l'étroit escalier tournant qui conduisait à la salle du rez-de-chaussée.

L'inconnu le suivit.

Alain atteignit la porte, ouverte sur la plate-forme.

Des lames gigantesques balayaient sans cesse cette plate-forme. Tout alentour, la mer, brisée par mille récifs, était blanche d'écume.

— Vous voyez... — fit l'inconnu.

— Eh bien! — répliqua le jeune homme, — je vous réponds ce que vous me répondiez tout à l'heure : Qu'importe!...

Et le jeune pêcheur se mit en devoir de quitter ses vêtements, afin de se jeter à la nage.

L'inconnu l'arrêta de nouveau, en se plaçant entre lui et la porte.

— Que voulez-vous encore?... — cria le pêcheur, à qui l'horrible situation dans laquelle il se trouvait faisait perdre tout sentiment de raison et de reconnaissance.

— Attendez...

— Pas un instant... il n'est déjà que trop tard!...Je veux passer; laissez donc la porte libre, ou prenez garde!...

Alain accompagna ces mots d'un geste furieux.

L'inconnu redressa sa grande taille, déploya ses bras athlétiques et répondit avec calme : — Si je voulais vous retenir ici par la force, vous ne me résisteriez pas plus, à moi, qu'un enfant au berceau ne pourrait vous résister, à vous... Écoutez donc ce que j'ai à vous dire, et ensuite vous serez libre, je vous le jure...

— Parlez, alors, puisqu'il le faut!... mais, au nom de Dieu, parlez vite!... — balbutia Alain qui comprit son impuissance et ne voulut pas s'engager dans une lutte inégale contre ce géant.

— Je vous ai sauvé tout à l'heure une première fois, au péril de ma vie, — reprit l'inconnu; — par conséquent je pourrais dire que votre vie m'appartient...

— Elle sera à vous demain, toujours... — interrompit Alain, — et je ne vous la disputerai pas... mais, par pitié, laissez-moi le maître d'en disposer aujourd'hui...

— Je veux, — continua l'inconnu, — je veux jouer ma vie de nouveau pour essayer de sauver une seconde fois la vôtre...

— Comment?... — demanda le pêcheur étonné.

— En vous conduisant dans mon canot jusqu'à la plage. Il y a quatre-vingt-dix-neuf chances sur cent que nous n'arriverons pas et que nous périrons avant d'être seulement à moitié chemin; mais, si vous vous jetiez à la nage, il ne vous resterait pas une seule chance.

— Vous feriez cela, vous!... — s'écria Alain, ne croyant qu'à grand'peine ce qu'il entendait.

— Oui, je le ferai, mais à une condition.

— Laquelle?...

— J'ai quelque chose à vous demander...

— Oh! — répondit le pêcheur, — je ne suis pas bien riche, mais, si Dieu me laisse vivre, tout ce que je possède au monde est à vous...

— Je ne souhaite qu'une chose...

— Et c'est?...

— C'est d'être le parrain de l'enfant qui va naître aujourd'hui...

Alain demeura stupéfait.

De la part de l'inconnu, toute demande, excepté celle-là, lui aurait semblé vraisemblable.

Malgré lui, l'idée de donner pour parrain à son premier-né cet homme étrange, ce mystérieux personnage que quelques-uns croyaient être le démon lui-même, troublait Alain et lui causait une secrète terreur.

Quoiqu'il ne partageât point, à son endroit, les idées superstitieuses de la plupart des habitants du village, l'inconnu était bien loin de lui sembler un être comme un autre.

— Quoi! — murmura d'un air de triste reproche l'habitant de la Tour Maudite, — vous hésitez?...

Alain comprit que son seul espoir de salut était désormais aux mains de l'inconnu et qu'il ne pouvait marchander la reconnaissance à cet homme qui ne lui marchandait pas sa vie.

— Non, — répondit-il, — je n'hésite pas.

— Vous acceptez?...

— J'accepte.

— Ainsi, je serai le parrain de votre enfant?

— Je vous le jure.

— Votre main?...

Alain lui tendit sa main, que l'inconnu serra dans les siennes.

— Maintenant, — reprit-il, — à l'œuvre... et recommandez votre âme à Dieu, car, dans moins d'une minute, vous serez en péril de mort...

Tout en parlant ainsi, l'homme à la barbe rousse soulevait son canot, qui se trouvait dans un coin de la salle basse, et après l'avoir lesté de quelques lourdes pierres, afin qu'il chavirât moins facilement, il le fit glisser jusqu'auprès du seuil de la porte, et se prépara à le lancer.

Dans les plus terribles tempêtes, il arrive, de temps à autre, un instant où la mer semble se calmer comme par enchantement et se reposer de ses fureurs.

Cet instant dure quelques secondes et s'appelle une *embellie*.

L'inconnu fit signe à Alain de monter dans le canot, puis, profitant d'une de ces *embellies*, il lança à la mer l'esquif, dans lequel il sauta lui-même.

— Gouvernez droit vers ce point noir que vous voyez là-bas sur le galet! — cria-t-il au jeune pêcheur.

Et, en même temps, saisissant les deux avirons, il se mit à *nager* avec une vigueur surhumaine.

Le canot, léger comme une mouette, glissa, aussi horizontalement que s'il allait se renverser, sur le flanc d'une vague immense, et, plus rapide qu'une flèche, redescendit de l'autre côté, dans l'abîme creusé par cette vague.

Il était temps.

Une seconde plus tard, la frêle embarcation aurait été rejetée en arrière et broyée contre les flancs de la roche d'Amont.

Nous ne décrirons point la courte traversée d'Alain et de l'inconnu.

Disons seulement qu'après un quart d'heure d'une de ces luttes inouïes, qui suffiraient à blanchir les cheveux sur une tête de vingt ans, les deux hommes et le canot furent rudement jetés par une lame énorme sur le galet d'Étretat.

Une seconde lame allait les reprendre et les remporter; mais l'inconnu s'était déjà précipité hors de la barque, et, pesant sur la corde qui se trouvait amarrée à l'avant de l'embarcation, il la tirait assez loin pour qu'elle se trouvât à l'abri des coups de mer.

Alain fut à l'instant même entouré de tous les marins qui se trouvaient sur le Perrey.

Ils avaient vu son canot se briser sur les écueils de la Tour Maudite.

Ils avaient vu le courageux sauvetage opéré par l'inconnu, mais ils croyaient que ce dernier n'avait retiré des flots qu'un cadavre.

Pour eux, la présence d'Alain était donc une résurrection.

— Ah ben! par exemple, — s'écria Tranquille Dragon, — tu peux dire que tu reviens de loin!... Tout le pays te croyait joliment mort... Il n'y a pas un chat dans Étretat, à l'heure qu'il est, qui en ignore.

— Et Thémise?... — demanda Alain à qui le cœur commençait à manquer.

— Pardieu! Thémise, elle le doit savoir comme les autres...

Alain, sans en écouter davantage, sans même songer à remercier l'inconnu, qui, brisé de fatigue malgré sa force herculéenne, s'était assis sur le galet à côté de son canot, Alain, disons-nous, prit sa course dans la direction de sa chaumière.

Chemin faisant, il ne répondait pas un mot à tous ceux qui poussaient des cris de surprise à sa vue et qui l'interrogeaient avec une avide curiosité.

Il arriva.

Jeanne Vatinel, tout en pleurs, se tenait debout, comme une sentinelle vigilante, sur la porte de la chaumière.

Plus prudente que ne le sont ordinairement les commères villageoises, elle ne voulait laisser pénétrer personne auprès de sa fille, afin de cacher à sa fille, en ce moment du moins, l'effroyable malheur qui, disait-on, venir d'arriver.

XI. — JEANNE VATINEL

Alain se méprit d'abord sur la cause des larmes que versait la paysanne.

Il se figura que le malheur qu'il redoutait venait d'arriver, il crut qu'il allait trouver la chambre nuptiale changée en chambre mortuaire.

Il sentit ses jambes fléchir et ses yeux se voiler.

— Oh! — murmura-t-il, — j'arrive trop tard!...

Mais, à cette exclamation désespérée, répondit un cri joyeux.

En même temps, Jeanne Vatinel jeta ses deux bras autour de son cou, et, l'embrassant avec transport, elle lui dit d'une voix entrecoupée : — Alain... c'est toi!... c'est donc bien toi! Ah! mon enfant!... mon pauvre enfant!...

Et, dans l'impuissance de trouver des mots pour exprimer tous les sentiments qui l'agitaient, elle ne pouvait que répéter encore : — Ah! mon enfant... mon enfant... mon pauvre enfant!...

Les terreurs d'Alain redoublaient.

Il ne savait si l'excessive émotion de la vieille femme provenait du délire de la joie ou du paroxysme de la douleur.

— Mère... — demanda-t-il en tremblant, — mère, pourquoi donc pleurez-vous?...

— Pourquoi que je pleurais?... Eh! Seigneur mon Dieu!... parce qu'on te croyait perdu, mon pauvre Alain.

— Et Thémise?...

— C'est fini... et tout est bien allé. Et moi qui ne te le disais pas!... C'est un garçon, Alain, un beau gros garçon, qui te ressemble déjà... on jurerait ta *portraicture* .. en plus petit...

— Ainsi, Thémise n'a rien su?

— Rien au monde!... Ah! grand Dieu! la pauvre chère fille, il aurait suffi de ça pour la tuer roide...

— Voilà ce qui m'épouvantait!... voilà ce qui me rendait fou!...

— Et il y avait bien de quoi, mon pauvre Alain...

— Comment avez-vous fait pour lui cacher ce mauvais bruit?...

— Je vas te le dire... L'enfant *venait* de *venir* au monde... la sage-femme le tenait, ce cher petiot, et Thémise te réclamait à cor et à cri pour te le faire embrasser, quand voilà que j'entends ouvrir la porte de la maison. Je vas voir qui c'était, bien vite, et je trouve mon compère Denis Coquin... Il avait la figure renversée, cet homme, il avait les yeux tout rouges et il pleurait comme une Madeleine...

« — Ah! mon Dieu! que je lui dis, — qu'est-ce qu'il y a donc, Denis Coquin?

» — Un grand malheur!... — qu'il me répond.

» — Ah! mon Dieu!... et qu'est-ce que c'est?

» — Alain...

» — Eh bien?...

» — Eh bien, faut avoir du courage, ma pauvre Jeanne... Il est *neyé*...

» J'en restai d'abord comme morte... Je ne pouvais ni remuer, ni ouvrir la bouche.

» Ah! mais, — que je dis enfin, — Denis Coquin, ça ne se peut pas...

» — Ça ne se peut que trop, ma pauvre Jeanne...

» — Neyé... mon fils Alain... le mari de ma Thémise!... Le bon Dieu ne peut point avoir permis ça, Denis Coquin. Et c'est un fait, qu'il avait beau dire, et que je ne le croyais point.

» — Ma commère, — qu'il me répond, — on l'a vu... Ils étaient plus de dix sur le Perrey qui ont vu arriver le malheur... rien n'est plus sûr... Son canot s'est brisé sur les roches de la Tour Maudite, et il s'est neyé!... Ah! je savais bien, moi, que ça ne porterait pas bonheur au pays, de laisser le diable s'y installer tranquillement.

» Alors comment ça? à croire que ça qu'il disait pouvait bien être la vérité, et je me mis à pleurer toutes les larmes de mon corps... »

— Enfin, — interrompit Alain, qui trouvait que le récit de sa belle-mère se prolongeait outre mesure, — vous avez empêché que Thémise vienne à savoir quelque chose?...

— Oui, puisque je n'ai plus bougé de la porte et que je n'ai laissé entrer personne dans la maison... Sans ça, tu comprends, Alain, ceux qui seraient venus n'auraient jamais pu retenir leur langue... Mais dis-moi donc, mon pauvre enfant, dis-moi donc ce qui s'est passé, et comment ça se fait que te voilà si bien portant, quand on t'avait tant cru perdu?...

— Mère, je vous dirai tout cela, mais plus tard. Maintenant, je veux voir Thémise et embrasser mon garçon...

Jeanne aurait bien voulu retenir son gendre encore un moment et pouvoir le questionner à son aise, mais Alain entra dans la chaumière et courut auprès du lit de la jeune accouchée.

Cette dernière, ignorant le terrible et double péril atquel son mari venait d'échapper, n'attribua qu'à la joie de se voir le père d'un bel enfant les transports avec lesquels Alain la serra dans ses bras.

Le jeune pêcheur, lui, éprouvait un redoublement de tendresse en se retrouvant auprès de celle qu'il avait été si près de ne jamais revoir.

Jeanne Vatinel n'avait rien exagéré.

Le nouveau-né était en effet un bel enfant, qui agitait fort gaillardement ses petits bras et qui criait de bonne grâce.

Nous n'affirmerions pas qu'il ressemblât déjà à son père; mais les yeux d'une grand'mère pouvaient facilement se faire un peu d'illusion à cet égard.

Après avoir longuement caressé son fils, Alain changea de vêtements, car les siens étaient ruisselants d'eau; puis il se disposa à sortir de la chaumière, afin d'aller rejoindre l'inconnu, qu'il se reprochait d'avoir brusquement quitté, sans seulement le remercier de l'immense service qu'il venait de lui rendre.

Il fut arrêté au passage, dans la première pièce, par Jeanne Vatinel.

— Alain, — lui dit-elle, — va-t'en tout de suite chez mon compère Denis Coquin pour le prévenir que tu n'es pas mort... Il sera trop content, vois-tu, ce pauvre homme; il avait tant de chagrin que ça fendait le cœur de le voir... Tu conviendras aussi avec lui et avec M. le curé de l'heure du baptême pour demain, et tu inviteras nos parents et nos amis au repas... Ne faut pas manquer à tout ça, vois-tu...

Alain fit un signe de muette adhésion et sortit.

Sa position commençait à lui sembler extrêmement embarrassante.

Il n'avait pas osé parler à sa belle-mère de l'engagement solennel pris par lui vis-à-vis de l'inconnu.

Il n'avait certes nullement l'idée de manquer à la parole donnée à ce dernier, mais il ne se dissimulait pas qu'en faisant honneur à cette parole il allait soulever contre lui des orages sans nombre.

Jeanne Vatinel, nous le savons, devait être la marraine de son petit-fils.

Elle avait choisi pour son compère Denis Coquin, le doyen des pêcheurs d'Étretat.

Quel ne serait pas le désappointement de l'un et de l'autre quand ils verraient leurs plans bouleversés, quand le père Coquin serait obligé de céder la place à un étranger, et quel étranger!... celui-là même que chacun fuyait à l'égal de la peste !...

Alain savait à merveille qu'on ne tiendrait nul compte des circonstances exceptionnelles dans lesquelles il s'était engagé.

Il savait aussi qu'un *tolle* général allait s'élever contre lui dans le pays, et qu'on regarderait la naissance de son fils comme entourée de sinistres présages.

Mais, encore une fois, il ne songeait point à retirer sa parole; tout au plus, peut-être, pensait-il à la dégager, si faire se pouvait, d'un commun accord et sans blesser cet inconnu auquel il devait la vie.

Absorbé par les réflexions et par les préoccupations dont nous venons d'indiquer la cause, il se dirigea lentement vers le galet.

L'inconnu se trouvait toujours à la même place.

En voyant Alain s'approcher, il se leva et fit quelques pas au-devant de lui.

— Eh bien?... — demanda-t-il avec une vivacité qui ne lui était pas habituelle, — pas de malheur, j'espère?...

— Non, — répondit Alain, — grâce à Dieu!...

— Ah! tant mieux!... Votre femme est accouchée?...

— Oui.

— D'un garçon ou d'une fille?

— D'un garçon.

— Eh bien, je vous en fais mon compliment. Ce sera un hardi marin de plus, s'il ressemble à son père...

— Oh! — dit Alain, — j'y tâcherai...

— A quand le baptême?...

Le jeune pêcheur hésita.

Mais comme il voulait gagner un peu de temps, afin de chercher à tout concilier, il répondit :

— A après-demain.

— A quelle heure?

— Je ne le sais pas encore; il faut que je m'entende à cet égard avec M. le curé.

— Et quand le verrez-vous, votre curé?...

— Aujourd'hui même... dans un instant...

— C'est bien; demain, à cette heure-ci, vous me trouverez sur le galet et vous me direz ce qui aura été convenu.

— Est-ce que vous songez à retourner à la Tour?

— Sans doute.

— Malgré le temps?...

— Vous voyez que la tempête s'est apaisée; la mer se calme; dans une heure, à la marée descendante, elle sera peut-être encore un peu dure, mais nullement dangereuse.

— Mais, d'ici là, qu'allez-vous faire?...

— Attendre.

— Où?

— Ici.

— Eh bien, je vais attendre avec vous; je ne vous laisserai certainement pas seul...

— Mais je croyais que vous aviez votre curé à visiter...

— Pourvu que je le voie avant ce soir, c'est tout ce qu'il faut.

— Alors, au lieu de rester en cet endroit, où je suis le point de mire de tous ces curieux qui me regardent comme si j'étais un animal étrange venu d'un autre monde, montons ensemble sur la falaise...

— Soit, — répondit Alain.

Et tous deux, prenant sur leur droite, gravirent un sentier très-étroit, tracé sur la tourbe verte par les pieds des bestiaux allant au pâturage.

Du haut des falaises d'Amont, la vue qui se déploie sous les yeux de l'observateur est d'une beauté presque effrayante.

De là on domine les espaces infinis de la mer, qui, dans un lointain vaporeux, semble se confondre avec le ciel.

Rien ne borne la vue.

En face de la sublimité de la création, on comprend mieux l'immensité de la toute-puissance du Créateur.

L'homme se sent bien petit au milieu de cette éternelle solitude, dont le silence n'est troublé que par le cri monotone des mouettes et des corneilles, le bêlement des troupeaux tondant l'herbe courte, les sifflements du vent, et les plaintes de la mer, tantôt léchant doucement la base des falaises, tantôt se brisant avec le bruit du tonnerre contre leurs murailles séculaires.

XII. — JACQUES.

Le spectacle que nous venons de décrire et qui s'offrait aux regards des deux hommes, laissait Alain parfaitement froid et indifférent.

L'inconnu, au contraire, le contemplait avec une admiration manifeste.

— Quand on pense, cependant, — dit tout à coup le jeune pêcheur, — que sans vous, à l'heure qu'il est, mon pauvre corps roulerait Dieu sait où, là-bas, au milieu des varechs coupés par la tempête... C'est terrible et effrayant, savez-vous?...

— A quoi bon penser à des choses aussi lugubres? — répondit l'inconnu.

— Croyez-vous donc que je puisse et que je veuille oublier ce que vous avez fait pour moi?...

— Vous le pourrez et vous le voudrez bientôt... La reconnaissance est rare en ce monde... du moins, pour ma part, je ne l'ai jamais rencontrée...

— Parce que, probablement, vous n'aviez jamais, comme aujourd'hui, risqué votre vie deux fois de suite pour sauver celle de quelqu'un que vous connaissiez à peine...

L'inconnu ne répondit pas.

Alain reprit : — Je ne sais si vous avez raison de juger durement les hommes et de ne guère ajouter foi à la reconnaissance; mais je vous jure que vous auriez tort de douter de la mienne...

L'inconnu secoua la tête.

Puis il répliqua : — On ne doit de reconnaissance qu'autant que le service rendu est gratuit... Or, je vous fais payer le mien, donc nous sommes quittes...

— Vous me les faites payer?... — répéta le pêcheur avec étonnement.

— Sans doute... ne vous ai-je pas demandé d'être le parrain de votre fils et n'y avez-vous pas consenti?...

— Oui, certes! — dit Alain ; — mais nous ne sommes pas quittes pour cela... le service que vous m'avez rendu est immense, tandis que vous n'aviez pas le moindre intérêt à être le parrain de mon enfant...

— Peut-être vous trompez-vous...

— Comment cela?

— Peut-être, au contraire, avais-je un intérêt beaucoup plus grand que vous ne le supposez à obtenir ce que je demandais...

— Ah! — murmura le jeune pêcheur, — si je n'avais point peur que ma question vous déplaise...

— Eh bien?...

— Je vous prierais de satisfaire ma curiosité et de m'expliquer ce que je cherche vainement à comprendre, c'est-à-dire le but du désir que vous m'avez manifesté...

— Oh! — dit l'inconnu, — c'est bien simple, et je le ferai volontiers... Vous savez mieux que moi quelle opinion les habitants d'Étretat se sont formée sur mon compte... Quoique je ne leur aie jamais fait le moindre mal, ils me considèrent comme un être funeste, comme une créature mauvaise; et, qui sait? peut-être comme quelque chose de pis encore... Le jour où j'ai paru pour la première fois, n'ont-ils pas été chercher leur curé pour m'exorciser, pensant que j'étais le diable en personne?...

Alain ne put retenir un sourire.

L'inconnu reprit : — Depuis longtemps déjà, des circonstances que je vous ferai peut-être connaître plus tard m'avaient imposé la loi de vivre dans l'isolement et sans presque entretenir de commerce avec les autres hommes... Lorsque je vins habiter la Tour Maudite, je crus qu'il me serait facile de persévérer dans mes projets de retraite et de solitude; je vis bientôt que je m'étais trompé. La solitude est lourde quand elle est éternelle; l'oreille humaine a besoin d'entendre parfois les accents d'une voix humaine... C'est alors que je vins de temps à autre au village faire des échanges... je m'aperçus de la répulsion que j'inspirais : j'étais pour tout le monde un objet d'épouvante...

— Excepté pour moi... — interrompit Alain.

— C'est vrai, — répondit l'inconnu; — plus d'une fois je remarquai la bienveillance que vous me témoigniez, et si je semblais ne point y répondre, c'est que j'étais profondément aigri par cette méfiance et cette exclusion générales auxquelles je me voyais en butte, et qui me blessaient douloureusement et profondément. Ce matin, quand je compris que les coups de mer allaient briser un canot sur le banc de récifs, et quand je reconnus que c'était vous qui montiez ce canot, je n'hésitai pas à me jeter à la nage afin de chercher à vous sauver. Je ne répète point cela pour vous pousser à la reconnaissance. Ce que j'ai fait pour vous, peut-être l'aurais-je fait également pour un autre. Cependant je n'en répondrais pas. Lorsque, un peu après, je sus que votre femme allait accoucher aujourd'hui, je me dis que, si vous consentiez à m'accepter pour parrain de cet enfant, l'opinion que se sont formée sur mon compte les pêcheurs et les paysans changerait aussitôt, et qu'ils ne pourraient plus me considérer ni me traiter comme un ennemi, puisque je ferais en quelque sorte partie de votre famille... Vous voyez donc bien qu'en accédant à ma demande, vous avez fait pour moi beaucoup plus que vous ne le pensiez vous-même.

L'embarras d'Alain avait augmenté à mesure qu'il écoutait ce qui précède.

Il s'était figuré d'abord que son sauveur devait fort peu tenir à ce *parrainage*, et qu'il y renoncerait sans conteste au premier mot.

Mais maintenant que l'inconnu basait sur ce fait l'une des espérances de sa vie, comment en arriver à lui dire : J'ai promis, mais je voudrais ne pas accomplir ma promesse... Tenez-m'en donc quitte, je vous prie?...

Alain comprenait à merveille qu'il n'oserait jamais agir ainsi vis-à-vis de celui à qui il devait la vie.

— Allons, — se dit-il, — n'y songeons plus; ma belle-mère s'arrangera avec Denis Coquin comme elle l'entendra, et moi je ferai ce que je dois...

Et comme rien ne tranquillise l'esprit autant que d'avoir pris une décision irrévocable, Alain se sentit fort soulagé.

— Quel nom donnerez-vous à votre filleul?... — demanda-t-il à l'inconnu.

— Le mien, — répondit ce dernier; — je m'appelle *Jacques*.

— Va pour *Jacques*; c'est un fort joli nom!... *Jacques Poulailler*, cela sonne à merveille...

La conversation continua quelque temps sur ce ton; puis, comme la mer en descendant avait en effet perdu presque toute sa violence, l'inconnu se dirigea vers le Perrey, afin de retourner à la Tour, et il se sépara du jeune homme en lui répétant : — Je vous attendrai sur la plage, demain, à trois heures.

— J'y serai, — répondit Alain.

Et il reprit le chemin de la maison de l'abbé Bricord.

— Mon enfant, — lui dit le prêtre, — je suis d'autant plus heureux de vous voir que j'ai pleuré et prié ce matin à votre intention.

— Vous me croyiez mort, n'est-ce pas, monsieur le curé?...

— On me l'avait dit, et la tempête était malheureusement assez violente pour ne rendre cette nouvelle que trop vraisemblable...

— Vous voyez, cependant, que j'en ai réchappé...

— Grâce à un miracle, peut-être...

— Oui, monsieur le curé, grâce à un miracle et à un brave homme... Nous parlerons de ça tout à l'heure, ainsi que d'un vœu que j'ai fait; mais, pour le quart d'heure, laissez-moi vous expliquer la chose au sujet de laquelle je suis venu...

— Dites, mon enfant, je vous écoute...

— Monsieur le curé, Thémise est accouchée, il y a deux heures...

— Ah! tant mieux; et comment va-t-elle?

— Elle va comme un charme... et l'enfant aussi; un gros garçon, monsieur le curé, qui servira votre messe dans une dizaine d'années d'ici...

L'abbé Bricord sourit.

— Eh bien, — demanda-t-il, — quand en ferons-nous un petit chrétien de ce gros garçon?...

— Quand vous voudrez, monsieur le curé.

— Demain, alors...

— Si ça vous était égal de remettre à après-demain, j'ai promis au parrain...

— Après-demain, soit. Le parrain n'est-il pas Denis Coquin? Il me semble que Jeanne Vatinel me l'a dit il y a quelque temps...

— Sans doute, monsieur le curé... C'est-à-dire, il devait l'être, mais il ne l'est plus...

— Ah! et pourquoi donc?

— Voilà... ça demande une explication... Remontons au naufrage, au miracle, et au brave homme dont je vous parlais tout à l'heure.

Et Alain raconta à l'abbé Bricord tous les détails que nous avons déjà mis sous les yeux de nos lecteurs, trop longuement peut-être.

— Eh bien, monsieur le curé, — demanda-t-il en terminant, — est-ce que je pouvais refuser?

— Non, sans doute.

— Vous ne voyez aucun mal, alors, à accepter ce parrain-là?

— Aucun, pourvu toutefois qu'il appartienne à l'Église catholique romaine.

— Comment le saurez-vous?

— Je le lui demanderai, et il me répondra la vérité... j'espère même que la cérémonie de ce baptême ramènera cette pauvre âme égarée à ces sentiments plus religieux, ou, au moins, d'une religion plus pratique... Il doit y avoir beaucoup de bon chez un homme capable d'un aussi grand dévouement que celui dont il a fait preuve aujourd'hui...

— Que me conseillez-vous de faire, monsieur le curé, relativement à Denis Coquin et à ma belle-mère?

— Le conseil est facile à donner, car vous n'avez qu'un seul parti à prendre...

— Et c'est?...

— C'est de dire nettement les choses telles qu'elles sont. Si grand que puisse être le chagrin de Denis Coquin de ne point tenir votre enfant sur les fonts baptismaux, il est impossible qu'il ne comprenne pas votre position...

— J'espère, monsieur le curé, que vous nous ferez l'honneur et le plaisir de venir vous asseoir à notre table pour le repas du baptême?...

— Oui, mon enfant, j'irai, et j'appellerai le bonheur sur votre maison, de toutes les forces de ma faible voix...

Alain remercia le jeune prêtre avec une sincère reconnaissance, puis il s'en alla dans le village, faisant toutes les invitations de parents et d'amis pour le dîner du baptême.

Il passa chez Denis Coquin comme chez les autres.

Le vieux pêcheur était absent.

— Alain, — lui dit une voisine, — je crois bien qu'il est chez vous, le père Coquin... va-t-en-z-y voir... On est venu tout à l'heure lui répéter que tu n'étais point neyé, comme on l'avait dit d'abord, et ça l'a rendu quasiment fou de joie, cet homme... Pour sûr, je lui ai entendu dire qu'il allait chez la Thémise...

Alain ne se pressa point beaucoup de regagner sa chaumière.

Il voulait, avant d'y rentrer, laisser à Denis Coquin le temps d'en être parti.

Il ne se souciait que médiocrement d'avoir à la fois deux adversaires à combattre dans la lutte qui, bien certainement, allait s'engager entre Jeanne Vatinel et lui au sujet du baptême et du parrain.

XIII. — LE BAPTÊME

Alain, prenant le chemin le plus long pour retourner à sa chaumière et s'arrêtant en route pour échanger quelques paroles avec tous ceux qu'il rencontrait, atteignit sans peine le but qu'il se proposait, et arriva un peu après le moment où Denis Coquin, lassé d'attendre, venait de s'en aller.

Le jeune pêcheur, se trouvant seul avec sa belle-mère, suivit le conseil de l'abbé Bricord.

Il raconta dans les plus grands détails à Jeanne Vatinel tout ce qu'elle ne connaissait pas encore des événements de la journée.

A plus d'une reprise, la vieille paysanne leva les mains vers le ciel et poussa des exclamations entrecoupées.

Puis, quand elle eut bien compris qu'Alain avait pris l'engagement de laisser l'inconnu tenir le nouveau-né sur les fonts baptismaux, elle poussa un cri d'effroi et de colère, et l'orage que redoutait Alain éclata dans toute sa furie.

Jeanne Vatinel déclara qu'il fallait que son gendre fût devenu fou!... et que, bien certainement, la frayeur qu'il avait éprouvée lui tournait encore la tête et le faisait rêver tout éveillé!...

Elle ajouta qu'il était bien malheureux pour elle d'avoir donné sa fille à un pauvre insensé abandonné de Dieu!...

Elle affirma qu'elle tordrait le cou à son petit-fils de sa propre main, plutôt que de consentir à lui voir donner le diable pour parrain!...

Et cætera, etc... Nous nous dispenserons de reproduire mille autres récriminations et divagations de cette force.

Alain répondit qu'il était de notoriété publique que le diable avait une horreur invincible pour l'eau bénite, les signes de croix, et généralement toutes les cérémonies de l'Église, que, par conséquent, puisque l'inconnu s'offrait pour être parrain, c'était une preuve irrécusable et lumineuse qu'il n'y avait en lui rien de diabolique.

Il ajouta qu'il avait consulté à ce sujet l'abbé Bricord, et que ce dernier n'avait vu aucun inconvénient à ce qui scandalisait si fort la vieille paysanne.

Enfin, il eut réponse à tout.

Mais comment convaincre Jeanne Vatinel?...

D'abord, elle n'écoutait pas.

Ensuite, elle ne voulait point être convaincue.

Elle reprit donc ses criailleries de plus belle et sur un ton de plus en plus haut.

Alain, impatienté, cessa alors de chercher à obtenir par la conviction ce qu'il se sentait parfaitement en droit d'imposer par sa volonté.

Il déclara qu'il était le maître, que son enfant lui appartenait, qu'il avait pris un engagement vis-à-vis d'un homme sans lequel, à l'heure qu'il était, il n'existerait plus, et que, certes, il n'irait point se parjurer pour procurer à sa belle-mère le plaisir d'avoir Denis Coquin pour compère.

Jeanne Vatinel éclata en sanglots, et courut dans la chambre de Thémise, où elle entra en s'écriant : — Nous sommes tous perdus!... Alain veut donner ton fils au diable!

La jeune mère, épouvantée, se dressa sur son séant, attachant ses regards interrogateurs tour à tour sur sa mère et son mari.

Alain, ainsi mis en demeure par l'obstination insensée de la vieille femme, se vit donc forcé (au risque de tout le mal qu'une émotion trop vive pouvait faire à Thémise) de recommencer son récit et d'entrer dans les détails du péril mortel qu'il avait couru, de la façon dont il avait échappé à ce péril, et de ce qui en était résulté.

Thémise, dans tout cela, ne comprit qu'une seule chose : c'est que son Alain bien-aimé avait failli périr et qu'il avait dû deux fois la vie au courage du généreux inconnu.

Elle ne s'inquiéta point de ce qu'au fond pouvait être ce dernier, elle ne vit en lui que le sauveur de son mari, quelqu'un par conséquent, à qui elle devait toute son affection, sa reconnaissance, et elle donna hautement raison à Alain.

Jeanne Vatinel, voyant sa cause ainsi abandonnée par l'auxiliaire sur lequel elle pensait pouvoir compter le mieux, devait, selon toute prévision, se livrer à un nouvel accès de colère.

Il n'en fut rien.

Elle sembla, bien au contraire, se calmer aussitôt; elle parla des préparatifs du repas du surlendemain et elle poussa l'obligeance jusqu'à se charger d'arranger toute chose avec Denis Coquin, qui ne pouvait guère se voir ainsi évincé sans ressentir au fond de l'âme une grande mortification.

— Seulement, mon garçon, — dit Jeanne, — il faudra t'en aller demain à Yport chercher du poisson et de la rocaille. Il y a mon cousin Vallin qui en a toujours au réservoir, et qui t'en donnera autant qu'il t'en faudra, pour t'obliger...

Alain réfléchit qu'il avait rendez-vous à trois heures sur le Perrey, avec l'inconnu, et qu'il fallait qu'il fût de retour pour ce moment là.

Il répondit donc à sa belle-mère qu'il partirait pour Yport dès la pointe du jour; résolution que Jeanne Vatinel approuva chaudement.

Ensuite, comme Alain était épuisé de fatigue, il embrassa sa femme et son fils, et il alla se jeter sur les bottes de trèfle sec qui devaient lui servir de lit jusqu'aux relevailles de Thémise.

Trois minutes après, il dormait.

Le lendemain matin, dès le premier rayon de l'aube, Alain, sans éveiller personne, sortit de la chaumière, et tenant au bras un grand panier vide, formé de branches d'osier grossièrement entrelacées, il se mit en marche dans la direction d'Yport, petit village situé auprès de Fécamp, à peu près à quatre lieues d'Etretat.

Jeanne Vatinel guettait son départ.

Aussitôt qu'elle se fut assurée qu'il était déjà loin, elle courut au presbytère.

La vieille servante dormait encore; ce fut l'abbé Bricord qui ouvrit la porte.

— Monsieur le curé, — lui dit Jeanne, — je viens de la part d'Alain.

— Que désire-t-il? — demanda le prêtre.

— C'est au sujet du baptême.

— Eh bien?...

— Eh bien! monsieur le curé, si ça ne vous dérangeait pas de baptiser le petit aujourd'hui, au lieu de demain, ça lui ferait bien plaisir, et à la mère aussi, et à moi aussi...

— Mais, — fit l'abbé, — c'est lui qui m'avait demandé de remettre la cérémonie à demain...

— Je sais bien, monsieur le curé, je sais bien... Mais, voyez-vous, un petit enfant comme ça, c'est si sussettible... mieux vaut se dépêcher d'en faire un angelot du bon Dieu...

— Vous avez complètement raison.

— Ainsi, monsieur le curé, vous le baptiserez aujourd'hui?

— Sans doute.

— Et à quelle heure?

— Immédiatement après ma messe, si vous le voulez, c'est-à-dire entre huit heures et huit heures et demie...

— Grand merci, monsieur le curé.

— C'est vous, je crois, qui êtes la marraine, madame Vatinel?...

— Oui, monsieur le curé.

— Et quel est décidément votre compère?

— C'est Denis Coquin, monsieur le curé.

— Ah!... — fit le prêtre étonné.

Puis après un silence il reprit : — Mais, je pensais... Alain m'avait dit hier...

— Que ça serait l'homme de la Tour Maudite, n'est-ce pas?...

— En effet.

— C'est que, voyez-vous, ça contrariait beaucoup Thémise... Alors Alain a changé d'idée... Il a revu l'homme dont vous parlez, monsieur le curé, et ils se sont arrangés ensemble...

— Alors tout est pour le mieux.

— Oui, monsieur le curé... Je m'en retourne, nous serons à l'église à huit heures et quart, avec l'enfant et le parrain... N'oubliez pas, monsieur le curé, que le repas est pour deux heures...

Jeanne Vatinel, après avoir menti, ainsi que nous venons de le voir, avec un aplomb consommé, sortit du presbytère sans que l'abbé Bricord eût pu se douter le moins du monde qu'elle n'y était point venue de la part d'Alain.

2

La vieille paysanne alla prévenir Denis Coquin de se tenir prêt.

Puis elle passa chez tous les invités de la veille, et leur annonça que le repas baptismal était avancé de vingt-quatre heures, et que la table serait mise, ce même jour, à deux heures de l'après-midi.

Au moment où l'abbé Bricord sortait de la sacristie, où il avait déposé, après la messe, ses ornements sacerdotaux, Jeanne Vatinel, Denis Coquin, la sage-femme portant l'héritier présomptif du nom de Poulailler, et enfin trois ou quatre parents et amis qui devaient servir de témoins, entraient dans l'église.

Le parrain et les témoins s'étonnaient bien un peu de l'absence d'Alain, car la vieille paysanne n'avait rien expliqué à qui que ce fût.

Elle avait même poussé le désir de garder son secret jusqu'à ne point dire à Thémise pourquoi on lui enlevait momentanément son enfant.

L'abbé Bricord commença la cérémonie, et l'eau sainte, qui lave de génération en génération la tache du péché originel, coula sur le front du fils d'Alain et de Thémise.

Le petit garçon reçut au baptême les noms de *Denis* et de *Jean*.

Il devait leur donner plus tard une illustration que, certes, Denis Coquin et Jeanne Vatinel ne soupçonnaient guère !...

Aussitôt rentrée dans la chaumière d'Alain, la vieille femme s'occupa avec une ardeur et une activité prodigieuses des préparatifs du repas.

Elle avait fait tuer, la veille, un mouton gras à cette intention.

Les deux gigots furent mis au four, dans de grands plats de terre à demi pleins de petites pommes de terre rondes qui devaient cuire et se rissoler dans le jus de la viande.

Une broche, chargée de quatre poulets, s'apprêtait à tourner devant un grand feu.

Enfin une chaudière, remplie d'eau de mer bouillante, pendait à la crémaillère, prête à recevoir le poisson qu'Alain allait rapporter d'Yport.

Il s'agissait ensuite de dresser la table.

Des planches de sapin, mises bout à bout sur quatre tréteaux, en tinrent lieu.

Plusieurs draps de lit, posés sur ces planches, remplacèrent la nappe qui manquait.

Les assiettes de faïence à fleurs, les services de fer et d'étain furent placés symétriquement.

Enfin la table se chargea de petites cruches remplies de cidre.

Jeanne Vatinel venait d'achever ces préparatifs, quand Alain parut sur le seuil.

Il était en ce moment une heure et quelques minutes.

XIV. — LE REPAS.

La porte s'ouvrit, avons-nous dit, et Alain entra.

Son grand panier était rempli jusqu'aux bords de poissons encore palpitants.

A l'aspect des préparatifs qui s'offraient à sa vue, son visage exprima le plus complet étonnement.

— Ah! par exemple, — s'écria-t-il, — faut croire, mère Jeanne, que vous avez joliment peur d'être en retard! Ça n'a pas de bon sens... A-t-on jamais vu une femme raisonnable mettre le couvert la veille pour le lendemain?...

Jeanne Vatinel dédaigna de se retrancher derrière les ambages dont la tactique féminine est ordinairement si prodigue.

Elle aborda nettement la question, et *prit*, — comme on dit, — *le bœuf par les cornes*.

— Tu as raison, Alain, — répliqua-t-elle, — ça ne se serait jamais vu... C'est qu'aussi ce n'est pas demain qu'a lieu le repas, c'est aujourd'hui...

— Avant le baptême?...

— Non, après.

— Mère Jeanne... mère Jeanne, qu'est-ce que vous dites? Vous savez bien qu'on ne baptisera pas l'enfant aujourd'hui !...

— C'est toi, mon garçon, qui ne sais pas qu'il est baptisé depuis ce matin.

— Mais le parrain?... le parrain?...

— Eh bien! le parrain, il a récité les prières et dit ce qu'il fallait dire, comme un bon chrétien qu'il est.

— Vous l'aviez donc fait prévenir?

— Il était tout prévenu.

— C'est impossible, puisque je ne dois le voir que dans deux heures, et que vous n'avez pu le rencontrer hier au soir.

— Tu perds la tête... Est-ce qu'il ne sortait pas d'ici, quand tu es revenu de chez M. le curé?

— Mère, de qui parlez-vous donc?

— Ah! d'un bien brave homme... de mon compère... de Denis Coquin.

— Denis Coquin!... — répéta Alain avec stupeur.

— Pardine!... il y avait assez longtemps que c'était convenu...

— Vous avez fait cela?...

— Mon Dieu, oui.

— Mais vous savez bien que j'avais promis... que j'avais juré...

— Une promesse faite au diable, crois-moi, mon garçon, ça n'engage pas...

— Mais celui dont vous parlez, vous le savez aussi, m'avait sauvé la vie!...

— Pour te prendre ton âme et celle de ton enfant?... Un beau service qu'il te rendait là, ma foi !...

— Et maintenant... — murmura Alain, — que vais-je lui dire?... et croira-t-il ce que je lui dirai?

— Le mieux, vois-tu, c'est de ne rien lui dire du tout.

— Ah! mère, qu'avez-vous fait là?...

— Ce que je devais, mon garçon. Faut toujours, quand on le peut, empêcher un fou de faire sa folie.

— Eh! — cria Alain, exaspéré par le sang-froid de sa belle-mère et le calme de ses réponses, — pourquoi vous mêliez-vous de ce qui ne vous regardait pas?... Ne suis-je donc plus le maître ici?

— Non, tu n'es pas le maître de donner mon petit-fils au diable! Je l'ai empêché, et j'ai eu raison...

Le jeune pêcheur, pâle de colère, prit sur la table une cruche remplie de cidre et la brisa contre la muraille.

Ensuite avec une attitude menaçante, il fit deux pas vers Jeanne Vatinel.

— Ah! — dit cette dernière, — je n'ai pas peur... Tu es un brave garçon, et tu ne porterais pas la main sur la mère de ta femme...

Cette parole rappela Alain à lui-même.

Sa colère s'éteignit aussitôt; il se laissa tomber sur une chaise, et il cacha son visage dans ses mains.

— Oh! — murmura-t-il d'une voix à peine distincte, — que va-t-il penser de moi?... Il croira que je lui ai menti hier!... il croira que je lui mens aujourd'hui!... Il m'accablera de son mépris, et, certes, j'aurai bien l'air de l'avoir mérité !...

Cependant Jeanne Vatinel, fort enchantée de ce que la crise avait été moins orageuse qu'elle ne croyait d'abord, laissait Alain se livrer à ses tristes réflexions.

Elle s'était emparée du panier apporté par lui, et elle jetait dans la marmite poissons, homards et tourteaux; les premiers devant être servis coupés par tronçons et recouverts d'une appétissante sauce à la crème; les autres, mangés au naturel avec un peu de sel et de poivre.

Alain, dont nous connaissons la force physique et la résolution, avait, au fond, une nature morale un peu faible.

Il redoutait les longues discussions, et il en arrivait bien vite à accepter les faits accomplis.

Il ne tarda guère à se démontrer à lui-même, par une foule d'arguments, que la non-exécution de sa promesse ne faisait en réalité aucun tort à l'inconnu de la Tour Maudite.

— Il y a plus, — se dit-il — c'est lui rendre un véritable service que de manquer à la parole donnée.

Il aurait eu à subir une foule de petites humiliations.

D'abord, — je connais bien Jeanne Vatinel, — elle aurait refusé de tenir l'enfant avec lui sur les fonts baptismaux.

Qui sait même si j'aurais trouvé dans tout le village une femme ou une fille consentant à servir de commère?

Ensuite, bien certainement, nos parents et nos amis n'auraient point voulu s'asseoir à la même table que lui... C'était donc lui faire sentir d'une manière plus cruelle et plus blessante que jamais l'exclusion dont il est l'objet.

Allons, décidément, dans son intérêt même, tout est pour le mieux.

A ces ingénieux sophismes, Alain ne pouvait s'empêcher de mêler quelques considérations plus personnelles.

Il se dit qu'il avait pris, la veille, un engagement bien téméraire, et sans réfléchir que l'avenir et le bonheur de son enfant en dépendaient peut-être.

L'inconnu de la Tour Maudite n'aurait-il pas, en effet, transmis à son filleul sa renommée funeste ? et le nouveau-né ne se serait-il point vu plus tard en butte à une réprobation générale, comme étant invinciblement dominé et dirigé par l'influence infernale de son parrain quasi-fantastique ?

Lorsque toutes ces réflexions se furent nettement formulées dans l'esprit d'Alain, ce dernier ne se sentit plus au fond du cœur le même mécontentement à l'endroit de sa belle-mère.

En effet, Jeanne Vatinel, prenant l'initiative, à son insu et contre son gré, lui sauvait la honte du parjure, tout en lui en procurant les avantages.

Alain quitta donc son attitude sombre et pensive, et, après être allé embrasser Thémise et le petit Denis, il revint aider la paysanne, qui s'occupait des derniers apprêts.

On le vit bientôt tourner la broche avec art, et arroser d'un beurre frais et parfumé les quatre volailles qu'elle supportait.

Deux heures sonnèrent.

L'exactitude est de règle dans les campagnes, surtout quand il s'agit d'un bon repas.

Les convives furent donc ponctuels, et le curé lui-même ne se fit point attendre un instant.

L'abbé Bricord dit à haute voix le *Benedicite*.

Chacun répondit : *Amen*, et le repas commença de la façon la plus joyeuse.

C'était merveille de voir ces braves pêcheurs, qui ne mangeaient guère de viande que deux ou trois fois par an, à l'occasion des fêtes les plus solennelles, dévorer les gigots jusqu'au manche, et sucer les côtelettes et les cuisses de poulet jusqu'aux os.

Les petites cruches de cidre se vidaient que c'était miracle ; tout le monde parlait haut et parlait à la fois ; on faisait un bruit à ne pas s'entendre.

Il n'y avait pas encore trois quarts d'heure qu'on était à table, lorsque Denis Coquin frappa sur son verre avec son couteau, et proposa de commencer les chansons.

Cette motion fut accueillie avec enthousiasme.

Denis Coquin donna le signal.

Il entonna de façon à faire trembler les vitres la chanson bien connue : *Y avait-z-un jour un pauvr' matelot...* et il obtint un succès proportionné à l'ampleur de ses larges poumons.

Au milieu de toute cette joie, Alain Poulailler ne jouissait point d'une satisfaction sans mélange.

Il s'était promis d'aller retrouver l'inconnu sur le Perrey, à trois heures, et il se demandait de quelle façon il s'y prendrait pour lui apprendre ce qui s'était passé et pour lui dire de ne plus compter sur l'exécution de sa promesse.

Or, les ressources d'esprit d'Alain ne lui fournissaient aucune manière ingénieuse d'entamer ce difficile entretien, ce qui fait qu'il était fort perplexe.

Trois heures sonnèrent.

Alain se serait levé pour sortir, mais c'était son tour de chanter.

— Bah ! — se dit-il, — quelques minutes de plus ou de moins... qu'importe ?...

Et il resta.

Quand il eut fini, tous les convives se réunirent pour prier l'abbé Bricord de se faire entendre.

Le jeune prêtre se prêta de bonne grâce au vœu de ses paroissiens, et annonça qu'il allait chanter une hymne traduite par lui en vers français.

Alain ne pouvait quitter la table sans la plus grossière impolitesse, pendant l'hymne de l'abbé Bricord.

Il se contint, et il attendit encore.

Bref, de prétextes en prétextes, le temps se passa, et il était déjà quatre heures qu'Alain n'avait point encore bougé de sa place.

— Maintenant il est trop tard, — pensa le jeune homme.

— A quoi bon me déranger ? Bien certainement, je ne trouverais plus personne sur le Perrey... l'inconnu se sera lassé d'attendre...

Et, enchanté de se débarrasser, pour ce jour-là du moins, d'un entretien désagréable et difficile, il secoua la tête, comme pour éloigner des préoccupations importunes. Il reprit toute sa gaieté, et il s'efforça de ne plus penser à l'hôte de la Tour Maudite.

XV. — DONNÉ AU DIABLE

Le repas touchait à sa période d'excessive animation.

Tout le monde, excepté cependant l'abbé Bricord, tout le monde, disons-nous, parlait, chantait, criait et buvait à la fois.

Alain remplit son gobelet, puis il l'éleva et le vida d'un trait en criant : — A la santé du parrain !

Les convives choquèrent aussitôt bruyamment leurs gobelets d'étain en répétant à tue-tête : — A la santé du parrain !

Il ne faut pas croire que les coups de théâtre n'ont lieu qu'au théâtre.

Nous offririons volontiers de prouver qu'ils sont presque aussi fréquents dans la vie que sur la scène, et la preuve, c'est qu'à ce moment précis la porte s'ouvrit, et l'on vit apparaître, comme une vision effrayante, un personnage que nul n'attendait.

C'était l'homme à la barbe rousse.

Alain frissonna de la tête aux pieds.

La surprise et l'effroi rendirent muets tous les convives. On eût entendu voler une mouche.

Jeanne Vatinel murmurait tout bas quelques prières en faisant force signes de croix.

L'inconnu était très sombre.

— Alain Poulailler, — dit-il en s'approchant de celui auquel il parlait, — il y a bien longtemps que je vous attends... Pourquoi donc ne veniez-vous pas ?...

— J'allais sortir pour vous rejoindre... — balbutia Alain excessivement troublé.

L'inconnu fixa sur lui un regard scrutateur.

— Je veux vous croire.... — dit-il ensuite ; — vous qui parliez hier si éloquemment de la reconnaissance, vous ne pouvez avoir oublié déjà aujourd'hui !

Alain quitta la table et fit un mouvement comme pour sortir avec l'inconnu.

Ce dernier l'arrêta.

— Pourquoi donc vous lever ?... — demanda-t-il ; — est-ce que je vous dérange ?...

— Non certes...

— Eh bien, ce que vous avez à me dire, vous pouvez me le dire ici...

— Sans doute... — balbutia Alain.

— Comme vous êtes pâle !... — fit l'inconnu. — Que signifie ce trouble ? Qu'y a-t-il donc ?...

— Ce qu'il y a ?... Mais rien...

— Bien vrai ?

— Oui, bien vrai.

— Tant mieux, alors. Qu'avez-vous décidé ?... A quelle heure a lieu le baptême ?...

Alain ne répondit pas.

Les convives se regardèrent avec stupeur.

— De quel baptême parlez-vous ?... — demanda Denis Coquin, à qui sa naissante ivresse donnait une audace inaccoutumée.

— Je parle du baptême de l'enfant dont je dois être le parrain... du fils d'Alain Poulailler.

Denis Coquin se mit à rire de ce rire lourd et abruti des ivrognes.

— Ah ! ah !... — ah ! fit-il ensuite, — vous le parrain !... vous !... ah !... ah !... ah !...

L'inconnu pâlit à son tour.

— Et pourquoi non ?... — s'écria-t-il.

— Pour la meilleure... la meilleure raison du monde...

— Et laquelle, si vous priez ?...

— C'est que le baptême est fait... et que le parrain c'est moi...

L'inconnu se tourna brusquement vers Alain.

Son regard lança des flammes, et il prononça d'une voix gutturale, qui semblait sortir des plus profondes cavités de sa poitrine, ces trois mots : — Est-ce vrai ?...

Alain courba la tête et garda le silence.

L'inconnu comprit que, malgré son ivresse, le vieux Denis Coquin disait la vérité.

Il releva la tête, un feu sombre jaillit de ses prunelles, il secoua sa longue barbe fauve, comme le lion secoue sa crinière au moment où il va s'élancer sur sa proie pour la dévorer.

Tout son être prit une expression de grandeur sauvage et de majesté bizarre.

Pendant quelques secondes, il ressembla à Satan foudroyé, mais toujours roi, malgré sa chute.

Un frisson courut parmi les convives.

L'abbé Bricord, lui-même, se demanda s'il n'y avait pas dans cet homme quelque chose de surnaturel.

Il fallait, certes, que le mystérieux inconnu fût doué d'une force de volonté bien étrange, car, après une ou deux minutes de lutte intérieure, il vint à bout de dompter la colère qui bouillonnait en lui et dont il comprima les éclats impétueux.

— Alain Poulailler, — dit-il de cette même voix rauque et profonde dont nous avons déjà parlé, — vous venez de détruire le dernier sentiment humain qui restait en moi... vous venez de rallumer au fond de mon cœur cette haine contre les hommes qui s'éteignait peut-être... Hier, j'ai cru en vous. . Je vous voyais si bien et si reconnaissant... Comment douter ?... Qui sait si la confiance et l'affection, ces fleurs divines, n'allaient pas refleurir en moi ?... Vous avez tout détruit !...

» Et cependant, — reprit l'inconnu après un instant de silence rempli d'amertume, — et cependant, je devais être pour vous plus que votre père... car votre père ne vous a donné la vie qu'une fois, et moi, en un même jour, je vous l'ai donnée deux !

» Et en échange de cette vie que vous teniez de moi, que vous demandais-je ?... Le droit de protéger votre enfant... le droit de l'aimer comme s'il avait été le mien... et, soyez-en bien certain, Alain Poulailler, ni ma protection ni ma tendresse ne lui auraient fait défaut !...

» Vous aviez promis !... vous aviez juré !.. C'était hier, et, aujourd'hui, vous vous hâtiez de fouler aux pieds votre serment, vous me placiez assez bas dans votre esprit pour choisir à ma place ce vieillard ivre et stupide !... »

Alain, que cette parole sévère et juste flagellait douloureusement, se leva et voulut s'écrier : — Ce n'est pas moi qui ai fait cela !...

Mais l'inconnu l'arrêta dès le premier mot.

— Taisez-vous, — lui dit-il, — celui qui a menti une fois ment toujours !... Vous allez mentir... Taisez-vous !...

» Alain Poulailler, vous avez commis une de ces actions honteuses que rien n'efface, que rien ne lave !...

» Vous en serez puni !...

» Vous n'avez pas voulu de moi pour parrain de votre fils... eh bien, moi, je maudis votre fils et je le voue au diable !... »

. . . .

Un frémissement d'horreur circula parmi tous ceux qui venaient d'entendre cette horrible parole.

Alain, fou de douleur et de colère et ne se souvenant plus de ce qui s'était passé la veille, saisit un couteau sur la table et voulut s'élancer sur l'inconnu.

Heureusement, l'abbé Bricord eut le temps de se jeter entre les deux hommes.

Il contint le jeune pêcheur et, moitié par la force, moitié par la persuasion, il lui fit abandonner l'arme dont il avait été au moment de faire un si terrible usage.

Pendant ce temps, l'inconnu avait quitté la chaumière, après un nouveau geste de défi et de menace.

Le soir de ce même jour, aucune fumée ne s'échappait du toit de la Tour Maudite.

L'homme à la barbe rousse avait disparu.

Première Partie — Une Jeunesse orageuse

I. — PAUVRE ALAIN !

Ainsi que nous le disions dans les quelques lignes d'avant-propos qui commencent ce livre, c'est aux chroniques locales, empruntées aux récits des pêcheurs d'Etretat que nous devons tous les faits retracés dans le *prologue* qu'on vient de lire.

Se mêle-t-il un peu d'erreur à beaucoup de vérité ? — Nous ne saurions le préciser. — Dans tous les cas, la vraisemblance nous paraît suffisante, et, comme dit le proverbe italien : *Si non è vero, è ben trovato.*

Quoi qu'il en soit, nous allons maintenant marcher d'un pas sûr, appuyé sur des documents dont l'authenticité est incontestable.

Certes, nous ne sommes rien moins que fataliste, et cependant, il nous faut bien l'avouer, certaines circonstances viennent parfois modifier impérieusement la destinée humaine et détournent une existence de son cours naturel comme on le fait pour un ruisseau auquel on creuse un nouveau lit.

D'après tous les calculs des probabilités, le fils d'Alain et de Thémise devait, comme son père, devenir un hardi marin, un pêcheur habile, et, passant tranquillement sa vie à guider son canot et à jeter ses filets, ne connaître d'autre horizon que celui des falaises d'Etretat.

L'inconnu de la Tour Maudite, intervenant à la fin du repas de baptême, à la façon de la méchante fée ou du mauvais génie des *contes bleus*, bouleversa d'un mot l'existence à venir de Denis Poulailler.

— *Je maudis cet enfant !* dit-il, — *et je le voue au diable !*

Et ces paroles — de la façon la plus naturelle et sans la moindre intervention infernale — suffirent pour semer d'orages et de tempêtes une vie qui, sans cela, aurait coulé calme et inaperçue dans le vallon natal.

Nous allons bientôt voir comment cette fatale influence devait se manifester.

Si, dans sa colère contre Alain, l'homme à la barbe rousse avait rêvé une vengeance, cette vengeance dut le satisfaire, car elle fut terrible.

La scène du repas, imprudemment racontée à Thémise par Jeanne Vatinel, dont les superstitieuses terreurs avaient amené tout le mal, effraya tellement la jeune mère et lui causa une émotion si grande, dans un moment où toutes les émotions sont presque mortelles, qu'une fièvre violente se déclara aussitôt.

Au bout de vingt-quatre heures, le danger était imminent.

Au bout de trois jours, la pauvre Thémise était morte.

Il est plus facile de comprendre que de décrire le désespoir d'Alain dont le profond amour et les douces espérances se trouvaient brisés d'un seul coup.

Une scène horrible et déplorable eut lieu en présence du corps à peine refroidi de la jeune morte.

Alain, dans les transports d'une douleur poussée jusqu'au délire, reprocha à Jeanne Vatinel, avec une brûlante amertume, d'avoir tué sa fille.

Jeanne répondit que les accointances de son gendre avec le démon étaient la seule cause du malheur qui venait d'arriver.

Alain, poussé à bout par cette réponse et par ces récriminations insensées, oublia que nul n'a le droit de chasser une mère d'auprès du cadavre de sa fille, et défendit à Jeanne de franchir de nouveau le seuil de sa chaumière.

Dans ces déplorables circonstances, l'opinion publique en masse se prononça contre Alain.

L'abbé Bricord fut le seul dans le village qui, sans approuver la violence du jeune pêcheur vis-à-vis de sa belle-mère, reconnut cependant que les torts de Jeanne Vatinel étaient immenses, et que, sans son intervention fatale, les choses eussent tourné bien différemment.

Alain, les yeux secs et le visage morne, suivit à l'église et au cimetière, sans pousser un sanglot, le corps inanimé de celle en qui il avait mis toute sa tendresse, toute sa joie, tout son espoir.

Il entendit retomber lentement la terre, avec un bruit lugubre, sur le cercueil qui renfermait cette dépouille adorée.

Puis, sans avoir versé une larme, il rentra dans sa chaumière, où il s'enferma.

Un concert de malédictions s'éleva contre lui quand il eut disparu.

— Ah ! — disait-on de toutes parts, — mauvais cœur !... mauvais cœur !... il n'a seulement pas pleuré !... — Il n'aimait point la pauvre Thémise !...

L'abbé Bricord, lui, voyait clair dans le cœur d'Alain.

Il était épouvanté de ce calme sinistre.

Il avait bien compris que l'apparente insensibilité du malheureux jeune homme ressemblait à ces eaux qu'aucun souffle ne ride et qui, sous leur tranquillité menteuse, cachent des abîmes sans fond.

Aussi le prêtre, dès qu'il eut déposé l'étole noire des jours de deuil, se hâta-t-il d'aller retrouver Alain.

Ce dernier s'était enfermé dans sa chaumière, nous l'avons dit.

Le prêtre frappa sans obtenir de réponse.

Alors il dit son nom.

Alain vint ouvrir.

Le visage du pêcheur était toujours impassible; seulement, sa pâleur livide avait encore augmenté.

— Monsieur le curé, — murmura-t-il d'une voix sourde, — soyez le bienvenu chez moi... Maintenant je suis seul pour vous recevoir... seul... seul... oh!... toujours seul...

Ces quelques mots et l'accent avec lequel ils avaient été prononcés étaient déchirants.

L'abbé Bricord prit la main du jeune homme et après l'avoir serrée avec une affectueuse compassion, il le fit asseoir à côté de lui.

— Oh! — fit Alain, plutôt en se parlant à lui-même que pour être entendu, — vous êtes bon, vous, monsieur le curé...

— Mon enfant, — dit doucement le prêtre, — je vois ce qui se passe en vous, et j'ai peur de ce que j'y vois... vous voulez mourir, n'est-ce pas?...

— Est-ce que je peux vivre? — répliqua Alain avec l'expression d'un découragement et d'un désespoir impossible à rendre, — est-ce que je peux vivre?...

— Vous le pouvez si vous le voulez...

Alain secoua tristement la tête.

— Ne me croyez-vous donc point?... — demanda le prêtre.

— Vivre... — balbutia le jeune homme, — vivre, monsieur le curé, et pourquoi?...

— Pour remplir un devoir...

— Mon devoir était d'aimer Thémise... ma pauvre Thémise!... de la rendre heureuse autant que je le pouvais... et ce devoir-là, monsieur le curé, je vous jure que je le remplissais bien... mais maintenant... maintenant...

— Maintenant, — reprit l'abbé Bricord, — vous devez vivre pour votre enfant...

Alain tressaillit.

— Mon enfant!... — s'écria-t-il avec éclat, — mon enfant!... Ah! s'il n'était pas venu, ELLE serait encore là, ELLE...

— Alain, — dit le prêtre avec un redoublement de douceur, — ne vous laissez point égarer par le désespoir... n'accusez pas une pauvre petite créature innocente, ne lui faites point porter la peine d'une faute qu'elle n'a pas commise...

Le pêcheur laissa tomber ses bras le long de son corps, et il répondit : — Ah! je sens bien que vous avez raison, monsieur le curé, mais je sens aussi que, moi, je n'aurai jamais le courage...

— Le courage, Dieu vous le donnera...

Alain secoua de nouveau la tête.

— Oh! ne doutez pas!... — s'écria le prêtre. — Dieu est juste!... il n'impose jamais à une créature un fardeau au-dessus de ses forces.

— Jamais!... — répéta le pêcheur avec amertume; — vous voyez bien, cependant, que les miennes sont à bout!...

— Espérez...

— Quoi?

— Un secours d'en haut.

— Alors, qu'il vienne, ce secours, qu'il vienne et qu'il se hâte... car je n'attendrai pas longtemps...

— Alain, mon pauvre ami, ne vous révoltez pas contre Dieu...

— Il n'y a pas de révolte dans mon cœur, monsieur le curé... il n'y a que du désespoir... un désespoir qui me tuera...

— Mais, si vous mourez, que deviendra l'orphelin sur la terre?...

— Fabien Vatinel et Jeanne ne l'abandonneront pas.

L'abbé Bricord comprit qu'il allait être vaincu dans cette lutte contre la douleur, si Dieu ne lui inspirait quelque moyen de ranimer un peu l'énergie de cette âme brisée.

— Alain, — dit-il en obéissant à une inspiration soudaine, — vous croyez bien, n'est-ce pas, que celle que vous avez perdue est au ciel?... vous ne doutez point de son éternel bonheur?...

— Ah! — s'écria le jeune homme, — Thémise était un ange du bon Dieu... sa place est là-haut avec les anges...

— Eh bien, c'est d'elle que vous viendront cette force et ce courage dont vous avez besoin... c'est elle qui vous pro-

tégera... Si Dieu l'avait laissée en ce monde, elle eût vécu pour son enfant!... du haut du ciel elle le regarde avec tout son amour de mère... Alain, si vous veillez sur lui avec cette tendresse qui pour vous est un devoir, vous sentirez, au fond de votre cœur, qu'elle vous approuve et qu'elle vous sourit... Si, au contraire, vous ne triomphez point de votre abattement, si vous abandonnez l'orphelin, vous empoisonnerez par une cuisante blessure les ineffables joies de la pauvre mère!... Ferez-vous cela, Alain?...

L'abbé Bricord avait frappé juste.

Le jeune pêcheur ne répondit pas d'abord. Il cacha sa tête dans ses mains, un sanglot convulsif remua sa poitrine.

Quand il releva la tête et quand il écarta ses mains, l'abbé Bricord vit sa figure inondée de larmes.

Alain pouvait enfin pleurer. C'était un premier soulagement.

— Monsieur le curé, — murmura-t-il ensuite, — puisque vous me dites qu'*elle* veut que je vive, je vivrai... je vivrai pour *lui*...

Qu'allait devenir le pauvre petit garçon privé du lait maternel, dont la mort avait tari les sources?

Jeanne Vatinel l'avait pris chez elle.

Alain, qui, nous le savons, ne voulait plus avoir aucuns rapports avec sa belle-mère, le fit redemander et s'occupa de lui trouver une nourrice.

En tout autre cas, dix femmes de pêcheurs se seraient offertes pour cette œuvre charitable.

Mais pas une, et à quelque prix que ce fût, n'aurait consenti à laisser s'abreuver à son sein l'enfant *donné au diable*.

Déjà la fatale influence se faisait sentir.

Alain emporta son fils à Yport, et une paysanne s'en chargea.

Mais bientôt le bruit de ce qui s'était passé à Étretat le jour du baptême parvint aux oreilles de cette paysanne.

Elle se hâta de rapporter l'enfant et de le rendre à son père.

Alain comprit que le même fait ne manquerait point de se renouveler dans tous les environs du village.

Il ne chercha plus.

Le petit Denis Poulailler eut une chèvre pour nourrice.

II. — UNE ENFANCE ORAGEUSE.

Un dicton, fort généralement accrédité parmi les gens du peuple, c'est qu'un enfant qui a été nourri par une chèvre prend le caractère et les défauts de la capricieuse *Amalthée* dont il a bu le lait.

Il devient, dit-on, fantasque, colère, brouillon, querelleur, etc...

Nous ne savons si cette croyance bizarre est complètement erronée ou repose sur quelques fondements; toujours est-il que Denis Poulailler, le futur héros de ce livre, semblerait fournir une preuve à l'appui.

Le petit garçon marchait à peine et ne faisait encore que bégayer quelques mots, qu'il annonçait déjà le plus indomptable caractère.

Si, par hasard, son père lui refusait quelque chose, objet de ses désirs enfantins, ce n'était point par des pleurs qu'il témoignait de son chagrin, c'était par des accès de véritable fureur.

Il frappait du pied la terre, il faisait des gestes menaçants avec ses petites mains, le sang lui montait au visage d'une façon effrayante, il poussait des cris inarticulés, et force était de lui céder au plus vite sous peine de le voir tomber en des convulsions fort dangereuses.

Alain se désespérait, et les commères d'Étretat disaient à qui mieux mieux : — Patience!... laissez grandir l'enfant!... *Donné au diable* promet déjà, et vous verrez qu'un peu plus tard il sera digne de son nom!...

Notons en passant que c'est par cette appellation de *Donné au diable* qu'on prenait l'habitude de désigner Denis Poulailler.

Six ou sept années se passèrent.

Le petit garçon était d'une taille et d'une force étonnantes pour son âge.

Si son âme appartenait d'avance à Satan, ainsi qu'on le croyait généralement, il faut bien avouer que jamais une âme maudite ne s'était logée dans une plus charmante enveloppe.

L'enfant ressemblait d'une façon frappante à l'un des

anges du tableau de l'*Annonciation* d'Annibal Carrache.

Des cheveux fins comme de la soie, très-épais, naturellement bouclés et d'une teinte brune, chaude et brillante, entouraient son visage frais et gracieux, dont un sang vif et pur colorait les joues veloutées.

Ses grands yeux, d'une nuance indécise, car leur prunelle semblait tantôt d'un noir fauve, et tantôt d'un vert profond, étincelaient de malice et d'esprit.

Sa petite bouche aux lèvres pourpres était trop jolie pour la bouche d'un homme.

Cette tête ravissante s'ajustait sur un corps dont les proportions exquises réunissaient les perfections des plus beaux enfants de marbre blanc de la statuaire antique.

La moelleuse élasticité des mouvements de Denis, lorsqu'il courait ou lorsqu'il sautait, rappelait involontairement l'inimitable grâce des bonds d'un jeune tigre.

Ce n'était point là, du reste, le seul rapport de l'enfant avec ce prince royal de la race féline.

Denis Poulailler en avait aussi l'astuce, la rapacité et la cruauté juvénile.

Ainsi, il mentait habituellement et avec une habileté si grande, qu'il fallait avoir la preuve du mensonge pour le soupçonner.

Lorsqu'il convoitait quelque chose, et souvent même sans autre but que de contenter un instinct bizarre, il oubliait toute distinction de propriété et faisait main basse sur l'objet à sa convenance.

Enfin, il trouvait un plaisir tout particulier à tourmenter et à faire souffrir les animaux.

C'était pour lui une volupté raffinée que d'assister à l'agonie d'un pauvre chien ou d'un malheureux chat, à moitié assommés à coups de galets.

Les enfants du même âge que Denis le redoutaient à l'égal du feu, par la raison fort simple qu'il usait et abusait avec eux de la supériorité de sa force.

Denis Poulailler avait six ans, lorsqu'il entendit pour la première fois un petit garçon de neuf à dix ans le saluer du nom de *Donné au diable*.

Il considéra ces mots comme une injure, et, se précipitant sur celui qui les avait prononcés et qui cependant le dépassait de toute la tête, il le renversa et lui heurta si bien et si longtemps la tête avec un gros caillou, qu'il le laissa sans connaissance sur la place.

Cet acte de vengeance ne servit qu'à lui faire confirmer de plus en plus ce surnom qui l'irritait.

Bientôt on ne le désigna plus autrement.

Ceci lui causa, dans les premiers temps, un perpétuel accès de rage.

Mais, peu à peu, il s'accoutuma à s'entendre traiter ainsi, et au lieu de subir ce surnom comme une insulte, il s'en fit un titre d'honneur.

Le chagrin d'Alain Poulailler augmentait de jour en jour.

Vainement mettait-il tout en œuvre, la douceur et la force, la persuasion et la violence, pour dompter l'indomptable caractère de son fils.

Il n'obtenait aucun résultat.

L'enfant se riait des conseils, des exhortations, des reproches.

— La règle générale n'est pas faite pour moi, — répondait-il; — je ne suis pas un enfant pareil aux autres, puisque je suis *donné au diable*!...

L'abbé Bricord ne négligea rien pour pétrir et façonner cette jeune âme, pour y porter la lumière, pour la soumettre au joug salutaire des croyances religieuses.

Il essaya d'assouplir par l'instruction cette nature si forte, si vivace, si exubérante, si capable de grandes choses, pour le bien comme pour le mal.

Efforts perdus! peine inutile!...

L'enfant répondait au prêtre, de même qu'il avait répondu à son père : — A quoi bon tout cela?... A quoi me serviraient la religion et la science?... Ne suis-je pas damné d'avance? Et quant à mon chemin en ce monde, je n'aurai pas de peine à le faire, puisque je suis *donné au diable*!...

Ainsi Denis Poulailler se faisait une arme du préjugé contre le préjugé lui-même.

Avec les insultes des jeunes garçons de son âge, il avait accepté sa prédestination, qui, désormais, était un fait accompli.

Il n'est que trop commun, ici-bas, de voir les choses arriver, uniquement parce qu'elles ont été prédites.

Les niais et les dupes crient : *Au miracle!...* et ne s'aperçoivent pas qu'on a forcé la main au hasard.

Lorsque le fils d'Alain et de Thémise eut atteint l'âge de onze ou douze ans, ses déprédations ne connurent plus de bornes.

Il faisait le mal presque toujours sans profit pour lui-même et uniquement pour le plaisir de se sentir nuisible.

Ainsi, il forçait, à la marée basse, les grossières serrures de bois des réservoirs creusés dans le roc vif et dans lesquels les pêcheurs conservent leurs homards et leurs tourteaux.

Il coupait les amarres des bateaux qu'on n'avait point tirés sur la plage.

Il dévastait les vergers de pommiers à cidre, abattant en une heure, à coups de gaule, la moitié d'une récolte.

Et beaucoup d'autres méfaits dont l'énumération serait trop longue.

Ajoutons d'ailleurs que si quelque acte de pillage ou de désordre avait lieu, sans que l'auteur ou les auteurs en fussent connus, la rumeur publique accusait aussitôt *Donné au diable*.

Quelquefois, peut-être, ces accusations étaient injustes; mais, le plus souvent, en désignant au hasard on désignait le vrai coupable.

Un certain automne, Denis Poulailler s'attaquait plus spécialement aux pommiers.

On eût dit qu'il s'était juré à lui-même de faire renchérir le prix du cidre cette année-là.

Depuis une semaine, profitant des nuits sans lune, il avait déjà ravagé une douzaine de vergers.

Les paysans, poussés à bout, résolurent de mettre un terme à ce qui se passait.

Quelques-uns d'entre eux se réunirent en conciliabule secret.

Dans ce conciliabule il fut décidé que chacun d'eux, pendant un certain nombre de nuits, ferait le guet dans son jardin afin de surprendre le pillard, et, qu'une fois qu'on l'aurait pris en flagrant délit, on en ferait bonne justice.

Ce qui fut dit fut fait.

Dès la troisième nuit, au moment où Denis Poulailler commençait à coups de gaule sa besogne destructrice, il sentit la main lourde de Tranquille Dragon, notre ancienne connaissance, s'appuyer sur son épaule.

Denis voulut fuir.

Mais la chose était matériellement impossible.

Tranquille Dragon, sans manifester la moindre irritation, prit le jeune garçon par le milieu du corps et le porta chez lui.

Là, il commença par lui lier solidement les mains derrière le dos; ensuite il lui passa une corde autour de la cheville, et il attacha l'extrémité de cette corde au pied du lit.

Ceci fait, il se coucha et s'endormit.

Denis Poulailler était d'un caractère trop fier pour s'humilier jusqu'à pousser des cris et jusqu'à demander grâce.

D'ailleurs, il avait la conviction que, le lendemain matin, il serait mis en liberté, après avoir reçu, peut-être, quelques taloches.

Cela n'avait rien de bien effrayant.

En conséquence, il s'étendit par terre et il ne tarda guère à s'endormir à son tour.

Au point du jour, Tranquille Dragon alla prévenir les autres pêcheurs de la capture qu'il avait faite.

On délibéra sur la punition qu'il convenait d'infliger au coupable, et nous verrons dans un instant quel fut le résultat de cette délibération.

D'abord Denis Poulailler resta attaché au pied du lit pendant toute la grand'messe, ce jour étant un dimanche.

Après la messe, Tranquille Dragon se procura un petit âne.

On plaça sur cet âne le jeune garçon, en chemise, la figure tournée du côté de la croupe et les mains toujours liées derrière le dos.

On lui attacha sur la poitrine un grand écriteau de papier, sur lequel le plus savant de la bande avait tracé ces mots :

Donné au diable,

VOLEUR.

Puis, tout en le fouettant à grands coups de verges, on le promena dans toutes les rues, au milieu des huées des autres enfants.

Denis avait un front d'airain et un cœur de bronze.

Il ne laissa rien voir de ce qu'il souffrait physiquement et moralement.

Mais quand on l'eut délié et qu'il fut rentré chez son père, il s'évanouit de honte et de colère.

Le lendemain, il tombait très-dangereusement malade.

III. — UN ENFANT QUI PROMET .

Pendant huit jours, Denis Poulailler fut entre la vie et la mort.

Alain, désespéré, et le bon ami Bricord ne quittaient guère le chevet de son lit.

Une fièvre ardente brûlait le sang dans les veines du malheureux enfant, et c'était chose effrayante que d'entendre, dans son délire, des malédictions et des blasphèmes sortir d'une bouche si jeune.

Tant et de si rudes épreuves successives avaient fini par triompher de la résignation du pauvre Alain, et il en était arrivé à croire, comme tout le monde, que son fils était bien, en effet, *donné au diable*.

Enfin la nature vivace et vigoureuse de Denis triompha des efforts de la maladie.

Sa convalescence fut courte, mais sa santé physique se retrouva seule dans son état habituel; son caractère et ses dispositions morales semblaient entièrement changés.

Le jeune garçon avait perdu sa gaieté bruyante, ses allures tapageuses.

Il était devenu sombre, taciturne, concentré en lui-même; et il s'absorbait sans cesse dans quelque pensée amère, et c'est à peine s'il répondait dans des mots interrompus lorsque Alain lui adressait la parole.

Ce n'est pas tout.

Lui pour qui le grand air, le mouvement, la liberté, le plein soleil, étaient des éléments indispensables de vie, il s'enfermait tout le jour, ne sortait que la nuit, et, alors, il portait ses pas errants dans les lieux les plus déserts, dans les sentiers les plus inaccessibles des falaises.

Une nuit, Denis aperçut les fanaux d'un grand navire qui, sorti quelques heures auparavant des bassins du Havre, avait mouillé à une demi-lieue, à peu près, de la baie d'Etretat pour y attendre le vent et la marée.

Il rentra aussitôt dans la demeure de son père, il y prit un marteau et quelques-uns de ces clous énormes dont se servent les constructeurs de bateaux.

Puis il se dirigea du côté de la chaumière de Tranquille Dragon, l'auteur principal de l'humiliante correction qu'il avait eu à subir.

Cette chaumière avait une seule porte et deux fenêtres.

Les fenêtres étaient ce qu'on appelle vulgairement aujourd'hui à guillotine, et si étroites qu'un homme de taille moyenne n'aurait pu y passer.

Denis ne s'en occupa point.

Il prit les longs clous dont il s'était muni et se mit en devoir de clouer la porte de telle façon qu'il fût impossible de l'ouvrir depuis l'intérieur.

Comme il fallait ne faire aucun bruit, afin de ne point éveiller les gens qui dormaient dans la chaumière, ce travail demanda à Denis beaucoup de temps et des précautions infinies.

Il plaçait un petit tampon de linge sur la tête de chaque clou, afin d'amortir la sonorité du fer heurtant contre le fer, et il frappait à petits coups, égaux et réguliers.

Quand sa besogne fut achevée, ses doigts étaient meurtris et sanglants, mais personne n'avait pris l'éveil.

Le jeune garçon porta alors les unes après les autres, autour de la chaumière, les bottes de paille amoncelées sous un hangar qui se trouvait voisin; puis il tira de sa poche une pierre à fusil et un couteau, et il se mit en devoir de battre le briquet.

On devine son projet sinistre.

Bientôt l'amadou prit feu, une flamme bleuâtre s'échappa d'une mèche soufrée, et Denis attacha cette flamme à une poignée d'herbes desséchées dont il jeta la moitié sur le toit de chaume et l'autre moitié sur les bottes de paille dressées contre la chaumière.

En moins d'une minute, un long serpent de feu léchait les murailles fragiles de ses langues rouges et aiguës.

La vengeance de *Donné au diable* était en bon train.

Il s'enfuit et se mit à courir de toute sa vitesse dans la direction de la plage.

De temps en temps il s'arrêtait, il se retournait, et un sourire d'une horrible expression se dessinait sur ses lèvres, tandis qu'il regardait les flammes grandissantes de

l'incendie colorer le ciel noir d'une teinte rougeâtre et sanglante.

Enfin, tout haletant de sa course rapide, il arriva sur le bord de la mer au moment où l'alarme commençait à se répandre dans le village, et où l'on entendait des cris d'épouvante et d'appel se croiser et se répondre.

Il pesa sur la corde qui amarrait un canot à quelques brasses de la plage, et, sautant dans ce canot, il coupa l'amarre avec son couteau, prit les avirons et se mit à nager de toutes ses forces dans la direction du grand navire dont il apercevait toujours les fanaux.

Le plan de Denis était fort simple.

Il voulait atteindre ce bâtiment, se hisser à bord en se suspendant à quelque cordage et se blottir dans un coin sombre où il fut impossible de le découvrir avant que le vaisseau, brick ou goélette, eût quitté ces parages.

Ou, tout au moins, s'il ne pouvait monter à bord, il comptait s'installer dans la chaloupe que les navires traînent habituellement à leur remorque, et s'y tenir caché en attendant le jour.

Sans doute, alors, le bâtiment aurait déjà fait beaucoup de chemin, et, certes, il ne reviendrait point sur ses pas pour remettre l'enfant à son point de départ.

La mer était unie comme une glace, et pas un souffle d'air n'en ridait la surface.

Denis avançait rapidement.

En moins d'un quart d'heure, maintenant, il devait atteindre le but de sa course.

Soudain une légère brise de terre s'éleva.

— Voici qui va m'épargner un peu de fatigue... pensa le jeune garçon.

Et, laissant là les avirons, il se mit à hisser la voile du canot.

La marche de l'esquif doubla de vitesse, et Denis n'eut plus d'autre peine à se donner que celle de tenir la barre.

Mais voici que tout à coup il s'aperçut que des lumières passaient et repassaient à bord du navire.

Dans le calme profond de la nuit il entendit commander une manœuvre. Le grincement des cordes et le cri des poulies arrivaient distinctement jusqu'à lui.

Puis les lumières changèrent de place et s'éloignèrent sensiblement.

Le navire, profitant de la brise, venait d'appareiller et courait, vent arrière, toutes voiles dehors.

Soutenu par un espoir insensé, Denis se mit à sa poursuite.

La brise fraîchissait de plus en plus, et la mer devenait houleuse.

La petite barque volait, conservant rigoureusement sa distance, mais ne gagnant pas un pouce.

Deux heures se passèrent ainsi.

Le vaisseau et la barque avaient complétement gagné la haute mer, et Denis, quand il regardait du côté d'Etretat, n'entrevoyait plus au ciel les derniers reflets de l'incendie que comme une clarté vague et rougeâtre.

Peu à peu cette clarté pâlit de plus en plus et finit par devenir complétement indistincte.

La terre cessait d'être en vue, et le jour allait bientôt paraître.

En ce moment, le navire à la poursuite duquel s'acharnait Denis vira de bord et changea de direction.

L'enfant voulut, lui aussi, modifier la marche de son canot, mais il ne put venir à bout d'exécuter la manœuvre nécessaire.

Il continua donc à courir en ligne directe, s'éloignant de plus en plus du vaisseau, qui était un brick.

Bientôt il se trouva complétement isolé sur l'immense surface de la mer; alors il abattit sa voile, et le canot s'arrêta, rudement bercé sur les lames.

Denis regarda autour de lui, et, malgré l'indomptable énergie dont il avait fait preuve plus d'une fois, il se sentit pris d'épouvante et de vertige.

Il ne voyait à l'horizon immense que des vagues moutonneuses, il ne savait plus de quel côté était la terre, et d'ailleurs, après l'action criminelle commise par lui pendant la nuit précédente, il ne pouvait songer à retourner à Etretat.

Qu'allait-il donc devenir, perdu dans son canot fragile, sans provisions, sans eau, sans autres vêtements que ceux qu'il portait sur lui et que l'écume de la mer, chassée par la brise en pluie fine, avait déjà complétement transpercés?

L'air du matin était vif et glacial, Denis grelottait.

Il se jeta tout étendu dans le fond de la barque et se mit à sangloter.

Bientôt le soleil se leva, ses rayons radieux séchèrent les

vêtements du jeune garçon, et leur douce chaleur le ranima et lui rendit un peu de résolution.

Denis avait souvent entendu dire que l'Angleterre se trouvait de l'autre côté de la mer; mais il n'avait aucune notion de géographie, il ne se rendait point compte des distances, et il en arriva à se persuader qu'il n'avait qu'à courir devant le vent, puisque le vent venait de France, et qu'il arriverait bien certainement avant la nuit à la côte d'Angleterre.

En conséquence, il hissa de nouveau sa voile et le canot reprit sa marche.

La journée se passa ainsi.

Denis souffrait horriblement de la faim et de la soif, de la soif surtout.

Vers le soir, se sentant la gorge et la poitrine en feu, il essaya d'avaler de l'eau de mer; mais cette eau saumâtre ne fit que redoubler ses tortures et lui donner d'intolérables nausées.

Au coucher du soleil, le vent tomba et le canot cessa de marcher.

Jusqu'à ce moment, Denis avait toujours espéré qu'il allait, d'un instant à l'autre, voir les falaises anglaises se détacher dans la transparente atmosphère du couchant.

Le désespoir alors s'empara de nouveau de son âme, et avec bien plus de force que le matin de ce même jour.

Il se tordit les bras, il se roula dans le canot, il poussa des cris de détresse qui se perdirent dans le murmure monotone des petites lames qui se brisaient autour de la barque.

Enfin, le malheureux enfant, n'ayant pas la force d'endurer plus longtemps un semblable martyre, perdit complétement connaissance.

Cet évanouissement dura toute la nuit.

La fraîcheur du matin ranima Denis.

La brise s'était élevée aux premières lueurs de l'aube, comme la veille, et le canot marchait.

Denis essaya de se soulever.

Il y parvint, non sans peine; mais sa faiblesse était si grande, qu'il lui fut impossible de se tenir debout.

Il y avait trente-six heures que le malheureux enfant n'avait mangé.

IV. — LE CAPITAINE DE LA TORPILLE.

Denis Poulailler se laissa retomber tout étendu dans le fond de son canot.

Il lui sembla bientôt qu'un épais brouillard l'enveloppait, et que, au milieu de ce brouillard, des figures bizarres et des formes fantastiques passaient devant ses yeux.

En même temps, des tintements pareils à ceux d'une grosse cloche lentement sonnée emplissaient ses oreilles.

C'était l'agonie de l'enfant qui commençait.

Combien de temps aurait-elle duré? combien d'heures fallait-il encore pour que la société fût débarrassée à tout jamais du jeune serpent dont les dards et les crocs se montraient déjà?

Dieu seul le sait.

Toujours est-il que Denis fut tiré par un bruit soudain de sa somnolence peuplée de fantômes.

Il entendit fort distinctement une voix rude crier non loin de lui.

— Oh! du canot!.. — oh!...

Denis n'avait ni la force de répondre, ni même celle de faire un mouvement.

Il entendit la voix répéter de nouveau : —Oh! du canot!... — oh!...

Un choc eut lieu, l'esquif bascula comme s'il allait chavirer, et Denis sentit que des mains vigoureuses le soulevaient et le retournaient.

Une voix un peu plus éloignée cria :

— Eh bien?

— Eh bien, capitaine, le canot n'était point gouverné.

— Il n'y a personne dedans?

— Si fait, capitaine, un enfant.

— Demandez-lui d'où il vient.

— Impossible, capitaine, il ne me répondra pas...

— Pourquoi donc?

— Il est mort.

— Ah! diable!...

Une main s'appuya sur la poitrine de Denis, et la voix la plus rapprochée de lui reprit :

— Capitaine, je m'étais trompé...

— Comment?

— L'enfant vit encore, son cœur bat, mais si doucement, si doucement que ce n'est pas la peine d'en parler... Joli enfant, capitaine!... Je crois que c'est la faim qui l'a mis dans cet état-là, car je ne vois rien dans le canot, ni à manger ni à boire...

— C'est bon, on en aura soin, amarrez le canot à la chaloupe.

— Oui, capitaine.

— Quel nom, à l'arrière?

— Le Saint-Martin, d'Etretat.

— Trente-huit lieues!... Il doit y avoir longtemps que le pauvre petit diable est égaré, et, s'il n'a rien mangé depuis son village, ça ne m'étonne pas qu'il meure de faim!...

Un instant de silence eut lieu.

Puis des bras robustes s'emparèrent du jeune homme.

Une corde fut assujettie solidement sous ses aisselles, et, à l'aide de cette corde, on le hissa à bord du navire, qui, par le plus grand hasard du monde, avait rencontré sur son chemin le canot que le vent poussait à la dérive.

Denis sortait de ce profond engourdissement qui ressemblait tant à la mort, dont il était l'avant-coureur.

On entr'ouvrit ses dents serrées, et on lui glissa dans la bouche quelques cuillerées de bouillon mêlé de bon vin vieux.

Comme l'horrible faiblesse dans laquelle il était plongé ne provenait que d'inanition, il se ranima presque aussitôt.

Il était sauvé, mais ce ne fut qu'au bout de quelques heures que sa présence d'esprit lui revint, et que ses idées commencèrent à se coordonner dans sa tête endolorie.

Aussitôt qu'il fut en état d'entendre les questions qui pouvaient lui être adressées, et d'y répondre, le capitaine le fit amener devant lui.

Ce capitaine qui se nommait Goulard, commandait la Torpille, brick de commerce du Havre, en destination pour les grandes Indes.

C'était un homme de quarante à quarante-cinq ans, gros et court, d'un tempérament sanguin et d'un caractère fort inégal.

Tantôt on pouvait le citer comme un modèle d'humanité, de mansuétude, d'indulgence, et, dans ces moments-là, il n'aurait ni fait fouetter un mousse, ni privé un matelot de son bonjaron d'eau-de-vie.

Tantôt, au contraire, il était dur, emporté, brutal, distribuant libéralement à tout son équipage les taloches et les coups de garcette.

Les variations atmosphériques influaient d'une façon bizarre sur les dispositions du capitaine.

Si le temps était au beau fixe, rien n'égalait sa charmante humeur.

Si le baromètre annonçait pluie ou grand vent, Goulard devenait atrabilaire et emporté.

Les approches de la tempête agissaient sur lui d'une façon encore plus énergique.

Le capitaine ressemblait alors (ainsi qu'on le dit vulgairement) à un diable dans un bénitier.

Ce jour-là, le soleil brillait radieux, une brise douce et fraîche faisait marcher le brick à souhait.

C'est assez dire que le front de Goulard était sans nuages, comme le ciel lui-même.

Au moment où Denis fut amené en sa présence, son large visage, couronné de cheveux grisonnants et frisottants, exprimait la bénignité la plus grande.

Ses gros yeux à fleur de tête témoignaient d'une bienveillance toute paternelle.

Ses lèvres épaisses souriaient.

— Voilà l'enfant, capitaine... — dit le matelot qui, le matin même, avait retiré Denis du canot.

— Il est joli... — répondit Goulard, — joli... très-joli... Bonjour, petit... Eh bien, mon garçon, comment ça va-t-il, à présent?...

— Merci, capitaine, ça va bien...

— Et, qu'est-ce que tu avais donc, petit?

— J'avais faim, capitaine, voilà tout.

— Et depuis quand n'avais-tu pas mangé, mon garçon?

— Depuis avant-hier soir, capitaine.

— Et toujours en mer depuis ce temps-là?

— Oui, capitaine.

— Pauvre petit diable!... Et dis-moi, quel âge as-tu?

— Douze ans, capitaine.

— Oh! oh! fit Goulard, grand pour ton âge!... très-grand même!... Comment t'appelles-tu?

— Denis, capitaine.

— Denis, quoi?

— Denis Po ithiller.

— Et d'où viens-tu, comme ça?

Le jeune garçon hésita avant de répondre.

Mais il réfléchit bien vite que le canot portait à l'arrière le nom du village auquel il appartenait, et quoiqu'il ne se souvint pas que le capitaine eût f ut lire ce nom par un matelot, il craignit de se mettre dans l'embarras par un mens-inge, et il dit :

— Je viens d'Etretat, capitaine.

— Comment ça se fait-il que tu te sois trouvé si loin de ton pays, comme ça, tout seul?...

— Avant-hier soir, je suis monté dans ce canot pour aller rejoindre, à une lieue au large, des barques de pêche. Il est arrivé un coup de vent qui m'a entraîné en pleine mer; je n'ai pas su gouverner pour revenir, et comme je n'avais ni à manger ni à boire, j'étais en train de mourir de faim, quand vous m'avez rencontré.

— Je comprends la chose, mais, à l'heure qu'il est, *papa* et *maman* doivent être joliment inquiets de toi... hein, petit?...

Denis baissa la tête et prit un air de tristesse d'une parfaite hypocrisie.

— Oh! — fit-il, — personne n'est inquiet de moi!...

— Pourquoi donc ça?...

— Je n'ai plus ni père ni mère...

— Tu es orphelin?

— Oui, capitaine.

— Pauvre petit diable!... — répéta Goulard en faisant le geste d'essuyer une larme, dans le coin de son œil gauche, avec sa manche droite.

Puis il reprit :

— Il te reste quelques parents, du moins?...

— Pas d'autre, capitaine, qu'un méchant oncle qui me battait...

— Mais, alors, tu ne dois pas désirer beaucoup retourner dans ton village?...

— Je ne désire qu'une chose, capitaine, c'est de n'y jamais remettre les pieds.

— Comme ça se trouve!... moi qui justement ne pouvais t'y renvoyer!... Dis-moi, petit, aimes-tu la mer?...

— Ah! je crois bien, capitaine!... je nage déjà comme un poisson...

— Très-bien!... et les voyages, les aimes-tu aussi?

— Passionnément.

— Dans ce cas, l'état de marin serait de ton goût?

— Je me suis toujours dit, capitaine, que quand je serais assez grand je me ferais matelot...

— Voyez-vous ça!.. Allons, décidément tu es un joli garçon, et tu m'intéresses, foi de Goulard!...

— Vous êtes bien bon, capitaine.

— Ecoute, petit... A propos, comment diable m'as-tu donc dit tout à l'heure que tu t'appelais?

— Denis, capitaine.

— Eh bien, Denis, je veux faire quelque chose pour toi... d'abord, je t'emmène aux grandes Indes...

— Est-ce bien loin, capitaine?...

— A deux ou trois mille lieues d'ici... répondit Goulard en riant.

Denis frappa des mains avec joie.

Plus la distance qui le séparerait d'Etretat serait grande, plus il se sentirait rassuré.

Le capitaine reprit :

— Tu voulais être matelot quand tu serais grand... Eh bien, tu le seras, mon garçon, et plutôt que ça...

— Vraiment, capitaine?...

— Pardieu!... dès aujourd'hui tu fais partie de l'équipage du brick *La Torpille*, en qualité de mousse, et je t'attache à mon service particulier... On t'apprendra la manœuvre, on fera de toi un matelot fini, et, le reste du temps, tu cireras mes bottes, tu brosseras mes habits, tu bourreras mes pipes, tu me prépareras mes grogs et tu me serviras à table... Va, mon petit... repose-toi aujourd'hui tant que tu voudras, demain tu entreras en fonctions...

La perspective de cirer les bottes, de brosser les habits et de servir à table le capitaine Goulard ne flattait que très-médiocrement Denis Poulailler.

Mais il sentait bien qu'il n'avait d'autre parti à prendre que d'accepter sa nouvelle position, telle qu'on la lui faisait.

Il alla retrouver maître Flock, le matelot qui l'avait amené.

Pendant ce temps, Goulard se frottait les mains en se disant : — Qu'il est donc gentil, ce petit!... ah! le joli mousse que j'aurai là!...

V. — DE ROUEN A MANTES

Les annales de la police sont à peu près muettes sur l'existence de Denis Poulailler, pendant une période de trois ou quatre années.

A la suite des circonstances qui accompagnèrent la vengeance et le départ de *Donné au diable* et son embarquement à bord de *la Torpille*, nous ne trouvons que les lignes suivantes que nous reproduisons textuellement :

« Le vaisseau à bord duquel le jeune Poulailler se trouvait, en qualité de mousse, ayant mouillé à Plymouth à son retour des grandes Indes, pour réparer quelques avaries, Denis, alors âgé de quatorze ou quinze ans, et ne pouvant s'assujettir plus longtemps à une discipline qu'il trouvait odieuse, se sauva à terre, après avoir dérobé au capitaine Goulard une somme assez forte.

» Il gagna Londres, où il ne tarda point à dévorer cette somme en débauches de toutes sortes, dans les plus mauvais lieux de la ville et dans la plus mauvaise compagnie du monde.

» A court d'argent et sans aucune ressource dans une cité inconnue, Denis Poulailler appela à son aide sa féconde imagination, qui ne le laissa point dans l'embarras.

» Le jeune aventurier inventa de faire passer pour le fils naturel d'un duc et pair français; il composa à ce sujet un petit roman fort intéressant et assez vraisemblable, dans lequel, comme bien on pense, il s'était donné le beau rôle, et il allait réciter ce roman chez tous ses compatriotes riches et influents, dont il avait obtenu la liste d'un de ses amis de taverne.

» Il fut éconduit par quelques-uns d'entre eux, mais ce fut par le plus petit nombre.

» Presque tous l'accueillirent à merveille. Sa figure charmante et sa tournure naturellement aristocratique et distinguée plaidaient en sa faveur, et disposaient à ajouter une foi aveugle au récit du jeune aventurier.

» Il reçut beaucoup d'argent à titre de secours, et put continuer à mener joyeuse vie pendant une année tout entière.

» Mais *tant va la cruche à l'eau qu'enfin elle se casse...* Diverses circonstances vinrent donner l'éveil aux soupçons, qui, une fois conçus, grandirent rapidement

» Les innombrables escroqueries de Denis Poulailler se dévoilèrent les unes après les autres, et il fut trop heureux d'échapper aux cachots de Newgate et de venir à bout de regagner la France, d'où il était sorti criminel et fugitif, et où il rentrait également fugitif et plus criminel encore. »

Après les quelques lignes que nous venons de transcrire, les documents qui nous guident deviennent plus explicites. Nous allons le redevenir en même temps qu'eux.

Par une chaude après-midi du mois d'août, un voyageur, isolé, courbant la tête sous les rayons lourds du soleil, suivait lentement la grand'route qui conduisait de Rouen à Paris.

Ce voyageur, qui semblait avoir à peine seize ou dix-sept ans, était vêtu de la façon la plus misérable.

Son mince bagage tenait tout enti r dans un mouchoir de poche qu'il portait au bout d'un bâton.

L'apparence et le costume du jeune homme qui nous occupe auraient bien certainement mis en défaut les inductions de l'observateur et du physionomiste

La finesse et la distinction de ses traits. la forme toute patricienne de ses mains, annonçaient un fils de famille, quelque cadet de bonne maison.

Mais cette supposition se trouvait démentie par le délabrement excessif des vêtements, réduits à l'état de lambeaux abjects.

Ce n'est pas que la coupe ou l'étoffe de ces vêtements fussent plébéiennes, loin de là.

L'habit avait été, autrefois, du plus beau velours, et taillé sans doute par quelque coupeur en renom.

La veste, de satin jadis blanc, conservait des vestiges de paillettes et de broderies.

Les culottes étaient en velours, comme l'habit.

Mais, auprès de toute cette défroque, les guenilles dans

lesquelles Frédérick Lemaître, ou, si vous l'aimez mieux, *don César de Bazan*, se drape d'une façon si grandiose, eussent semblé dignes d'un monarque.

La peinture seule pourrait réussir à donner une idée parfaitement exacte de ces loques déchirées, souillées, *rapetassées* en cent endroits, effrangées, effiloquées, blanchies, rougies; ici, réduites en charpie véritable; là, transparentes comme de la dentelle.

Et encore faudrait-il, pour réussir dans une telle œuvre, le pinceau d'un artiste habile et éperdument épris du pittoresque.

Callot ou Goya, ces deux maîtres, eussent fait un croquis splendide, d'après le jeune homme et ses haillons.

Or, ce personnage, peut-être nos lecteurs l'ont-ils déjà deviné, n'était autre que Denis Poulailler, revenant de Londres et cherchant à gagner Paris, cette ville où, pensait-il, il lui serait facile de vivre, et de bien vivre.

En attendant, Denis, qui dans la traversée avait dépensé sa dernière pièce de monnaie, cheminait sous le soleil, les pieds saignants dans la poussière, la poche vide, mourant à peu près de faim, mais ne se laissant point absolument abattre par cette série d'infortunes.

Donné au diable comptait sur l'avenir.

Il avait foi en son étoile, en son industrie, et surtout en cette protection infernale de laquelle il ne doutait point.

Comment Denis Poulailler avait-il vécu depuis le jour de son débarquement? Ceci est un problème dont nous ne nous chargeons point de donner la solution.

Le jeune homme était trop fier pour mendier; voler, je ne dis pas.

Sans doute les petites pommes rougeaudes des enclos de Normandie jouèrent un grand rôle dans son alimentation; triste nourriture pour un estomac habitué aux succulents biftecks et aux rosbifs savoureux des tavernes de Londres.

Toujours est-il que, soit que ce jour-là le soleil fût plus chaud que de coutume, soit que les pommes à cidre eussent produit des résultats déplorables, Denis était à bout de ses forces.

D'instant en instant sa marche se ralentissait davantage, ses pieds endoloris se traînaient plus lourdement dans la poussière, dont ils soulevaient des nuages suffoquants.

Il semblait à Denis que sa cervelle était en ébullition dans la boîte osseuse de son crâne, et que sa tête allait éclater.

Quoiqu'il se fût imposé la tâche d'aller ce jour-là jusqu'à Mantes, il allait se coucher sous une haie verdoyante qui ombrageait un des côtés du chemin, et tâcher de tromper par le sommeil la fatigue et la faim, quand un bruit inattendu attira soudainement son attention.

Denis écouta.

Une voix fort agréable, et qui évidemment n'était point celle d'une paysanne gardant son troupeau, chantait un air vif et gai sur des paroles que le jeune homme ne pouvait distinguer.

Au bout d'un instant, une autre voix, plus masculine et plus fortement timbrée, reprit un autre couplet sur le même air.

A ce couplet succédèrent les battements de mains et les éclats de rire de plusieurs personnes.

A cinquante ou soixante pas en avant de Denis, la route formait un coude brusque et se perdait derrière un massif d'arbres touffus.

C'était de là que venaient les voix.

Denis avança.

Quand il eut tourné le bouquet d'arbres, un tableau digne des pinceaux de Karel Dujardin s'offrit à ses yeux.

D'abord, sur le premier plan, une charrette dételée, tout à fait semblable à celle que Scarron donne aux burlesques héros de son *Roman comique.*

Au bord de la route, un grand cheval, plus maigre, plus efflanqué, plus pelé, plus poussif, plus couronné, plus taré de toutes les façons que la classique *Rossinante* de l'illustre amant de *Dulcinée du Toboso*, tondait à longues dents l'herbe fleurie d'un fossé, côte à côte avec un tout petit âne gris, fort joli, qui devait partager avec lui la tâche de faire rouler, cahin caha, le véhicule dont nous venons de parler.

A gauche du chemin, et ombragé par des frênes et des ormes d'une magnifique venue, se trouvait un pré tapissé d'une herbe courte et touffue, verte et miroitante comme du velours.

Sous les arbres, une source d'une eau glacée et transparente alimentait les zigzags d'un ruisselet capricieux qui se perdait à travers la prairie.

Auprès de cette source se trouvaient assises une douzaine de personnes, hommes et femmes, qui semblaient réaliser le beau rêve de la fraternité humaine et universelle.

Voici comment :

Les uns (on n'en pouvait douter d'après le luxe de leurs ajustements, qui, de l'endroit où se trouvait Denis, paraissaient somptueux) appartenaient aux plus hautes classes de la société.

Il y avait là, sans aucun doute, des marquises et des chevaliers.

Les autres portaient le costume de paysans et de paysannes. Un laquais en livrée et un tabellion en longue robe noire et en perruque à triple étage se trouvaient parmi eux.

Et tout ce monde, assis pêle-mêle, sans aucune distinction de rang, était en train de se livrer à un repas sans doute exquis, à en juger du moins par la gaieté, les rires et les chants dont il était accompagné.

Denis se creusa la tête pour deviner quels étaient ces joyeux convives et comment il pouvait se faire que, dans ce temps d'inégalité sociale, de grandes dames et des gentilshommes trinquassent ainsi avec de simples paysans et surtout avec un laquais.

Tous ses efforts d'imagination furent en pure perte, il ne put venir à bout de découvrir le mot de l'énigme.

Denis, en regardant cette scène, se trouvait masqué par un buisson d'aubépine, et les gais convives ne l'apercevaient point encore, quoique lui-même les vît à merveille.

VI. — DÉJEUNER CHAMPÊTRE

— Ah! — pensa Denis, — voilà des gens heureux!... Ils n'ont rien à craindre de la chaleur, ni de la faim, ni de la soif!... Oh! oui, ce sont des gens heureux!...

En ce moment, et comme pour confirmer l'opinion du jeune homme, une voix chanta :

> Nous passons entre nous la vie
> Tant doucement,
> Que qui la goûte un seul moment
> Ne peut après, sans qu'il s'ennuie,
> Vivre autrement.

— Ah! — murmura notre héros, — je le crois bien!... déjeuner en compagnie de jeunes et jolies femmes, sous ces beaux arbres et sur ce frais gazon, quel sort digne d'envie, et qu'il me semblerait doux d'en pouvoir faire autant!...

La même voix reprit :

> Nous cherchons la bonne fortune
> En la disant;
> C'est notre soin le plus pressant
> D'en faire avoir ici quelqu'une
> A chaque amant.

Denis ne comprit point parfaitement le sens de ce couplet un peu bohémien, qui devait lui être expliqué plus tard.

La même voix de femme, mélodieuse et argentine, qu'il avaient entendue d'abord avant de pouvoir distinguer les paroles de la chanson, remplaça celle du chanteur et dit :

> Nous rappelons au souvenir
> Tout ce qui peut faire bien aise,
> Et ne disons rien qui ne plaise
> Pour l'avenir.
> Nous promettons amant chéri
> A jeune fille en mariage,
> A veuve lasse du veuvage
> Nouveau mari.

— Mais, — pensa Denis, — on croirait entendre des tireuses de cartes, bohémiennes, chiromanciennes et diseuses de bonne aventure... Cette jolie chanteuse n'en a cependant ni l'âge, ni l'apparence, ni le costume.

Une autre voix d'homme poursuivit, sur un mouvement de branle plus vif et plus accentué :

> Jeunes filles qui portez
> Blonde chevelure,
> L'amour vient de tous côtés
> Rendre hommage à vos beautés.
> La bonne aventure, oh! gai!
> La bonne aventure!...

Puis une toute jeune et toute charmante femme, vêtue de soie et de dentelles avec un goût exquis, et dont les grands yeux noirs semblèrent fort vifs à Denis, chanta d'une voix égrillarde et délurée les couplets suivants :

> Longue souffrance en aimant
> Est chose bien dure ;
> Mais lo·squ'un heureux amant
> Plaît au premier compliment,
> La bonne aventure, oh ! gai !...
> La bonne aventure !...
>
> Voir sans obstacle un ami,
> Bagatelle pure ;
> Mais pour un amant chéri,
> Tromper tuteur ou mari,
> La bonne aventure, ˑhi gai !...
> La bonne aventure !...

Les auditeurs applaudirent à deux ou trois reprises ces lieux communs de morale plus que facile, qui, selon toute apparence, étaient complétement dans leurs goûts et dans leurs idées.

Ensuite, l'homme à la perruque à trois marteaux et à la robe de procureur entonna d'une voix de basse-taille les couplets qu'on va lire, et qui contrastaient de la façon la plus comique avec la gravité de son maintien et la sévérité de son costume :

> Si l'amour, d'un trait malin,
> Vous a fait blessure,
> Prenez-moi pour médecin
> Quelque bon garde-moulin.
> La bonne aventure, oh ! gai !...
> La bonne aventure !...
>
> Si l'amour, d'un trait charmant,
> Vous a fait blessure,
> Prenez pour soulagement
> Un beau meunier pour amant,
> La bonne aventure, oh ! gai !...
> La bonne aventure !...

Et enfin la charmante personne dont nous avons déjà constaté les yeux noirs et la voix résolue, résuma tout ce qui précède en chantant avec force jolies minauderies :

> Suivons un penchant flatteur
> Sans peur de murmure :
> Est-il plus grande douceur
> Que celle que donne au cœur
> La bonne aventure, oh ! gai !...
> La bonne aventure !...

Alors les rires et les applaudissements éclatèrent de plus belle ; puis le déjeuner, un instant interrompu par les chansons, reprit gaiement son cours.

Le charmant spectacle qu'il avait sous les yeux faisait trouver plus cruels à Denis le dénûment et l'isolement de sa position actuelle.

La chaleur lui paraissait plus ardente, la soif et la faim plus intolérables.

Il aurait donné tout au monde pour pouvoir se désaltérer à ce ruisseau limpide et pour rafraîchir ses mains et son visage dans cette eau transparente.

Mais il se sentait invinciblement retenu par la honte de se montrer, misérablement vêtu comme il l'était, devant ces jeunes femmes et ces beaux cavaliers.

La soif brûlante qui le torturait et la vanité surexcitée se livrèrent dans son âme, pendant quelques minutes, un combat acharné.

L'amour-propre l'emporta, et Denis, s'efforçant de prendre une tournure leste et dégagée, et marchant d'un pas léger et insoucieux, dépassa le buisson d'aubépine et continua son chemin sans jeter un regard vers la gauche et semblant ne s'apercevoir en aucune façon qu'il y eût auprès de lui si nombreuse compagnie.

Il avait fait ainsi une quinzaine de pas, quand il entendit un chuchotement confus ; puis une voix partie du groupe cria : — Hé !... jeune homme... jeune homme... vous qui passez si vite et si fièrement... écoutez donc un peu ici...

Denis poursuivit sa route et hâta le pas.

— Morbleu !... reprit la même voix sur un ton plus haut, — êtes-vous sourd, l'ami ?...

Force fut à notre personnage, ainsi interpellé, de s'arrêter et de se retourner.

— Est-ce à moi que vous en avez, monsieur ?... — demanda-t-il.

— Et à qui donc, je vous prie ?... — Ne voyez-vous pas, jeune gentilhomme, que la route est déserte ?...

— Alors, que désirez-vous de moi, s'il vous plaît ?...

— La chose la plus simple...

— Et c'est ?

— C'est que vous nous accordiez pendant quelques instants l'honneur et le plaisir de votre compagnie.

— En vérité, je le voudrais, mais je suis un peu pressé...

— Bah ! qu'est-ce que ça fait ?...

— Il faut que j'arrive...

— Où ?

— A Mantes.

— Comme ça se rencontre !... Justement nous y allons aussi, nous, à Mantes... Voilà, je le confesse, un hasard merveilleux ! Nous ferons route ensemble...

Et l'interlocuteur de notre héros poursuivit aussitôt d'un ton déclamatoire et en vers détestables qu'il improvisait avec une déplorable facilité :

> Allons, allons, jeune homme, un peu de complaisance !...
> Des beautés que voici saluez la présence,
> Et venez à l'instant, sans regret, sans courroux,
> Vous coucher sur l'herbette et trinquer avec nous !...

Cette familiarité bizarre, l'originalité des allures et des discours de celui à qui il avait affaire, étonnèrent Denis au plus haut point.

Cependant il ne jugea pas à propos de se dérober davantage à une invitation gracieuse, quoique singulière en sa forme, et il se rapprocha des personnages rassemblés autour de la petite source.

A chaque pas qu'il faisait de leur côté, l'opinion qu'il s'était formée d'abord à leur sujet se modifiait insensiblement.

Il éprouvait à peu près ce qui arrive à un spectateur conduit tout à coup sur la scène même d'un théâtre, et admis à voir de près les décorations qui, de loin, lui semblaient des tableaux d'un fini précieux.

Les splendides ajustements qui l'avaient ébloui lui semblaient maintenant ternes, fripés, et montraient la corde.

Les velours se miroitaient, les paillettes de cuivre doré n'avaient plus d'éclat, les dentelles s'éraillaient en cent endroits.

A coup sûr, tous ces gens étaient des marquis, des chevaliers, des grandes dames, des notaires et des paysannes de contrebande.

Mais alors, qu'étaient-ils donc ?

Ce n'est pas tout. Ce déjeuner que Denis, de loin, se figurait si splendide, se composait en réalité de croûtes de pain que chacun trempait dans la fontaine, comme Melchior Zapata, le comédien de Gil-Blas.

Deux ou trois gobelets d'étain, fort endommagés, servaient à se désaltérer à la ronde au cristal liquide de cette même fontaine.

Denis vit tout cela d'un seul coup d'œil et comprit qu'il se trouvait avec des gens à qui la fortune ne souriait pas beaucoup plus qu'à lui-même, mais qui, du moins, avaient le grand mérite de prendre leur parti gaiement.

Tous les regards étaient fixés sur lui, ce qui ne laissait pas de l'embarrasser un peu ; ceux des femmes, surtout, pétillaient de curiosité.

— Ah ! — s'écria tout à coup la charmante personne aux yeux noirs et à la voix délurée, — mon Dieu, qu'il est donc joli, ce jeune homme !... Il ressemblerait, à s'y méprendre, à messire Adonis, s'il avait le costume de l'emploi !...

Tout le monde se mit à rire.

Denis ne savait ce que c'était qu'Adonis, mais il comprit que la bouche mignonne de la jeune femme lui adressait un compliment, et il ne put s'empêcher de sourire aussi.

Celui qui, le premier, avait interpellé notre voyageur, était un grand garçon de vingt-cinq à vingt-six ans, fort bien fait, et vêtu d'un habit de taffetas couleur gorge de pigeon.

Une veste de soie jaune brodée et des culottes de satin jonquille complétaient sa toilette.

Il portait des souliers à hauts talons rouges et à rosettes de ruban cramoisi.

Sa main droite jouait sans cesse, et d'une façon un peu prétentieuse, avec un jabot de fausse dentelle fort éraillé.

VII. — LA COMÉDIE ERRANTE

Le grand garçon dont nous venons de tracer en quelques lignes le croquis se leva, tendit la main à Denis et lui dit :

avec une bienveillance comique et pleine de bonne humeur :
— Or çà, mon cher ami, que je ne connais pas, je vais présentement vous désigner par leurs noms, titres et qualités, les personnes avec lesquelles vous avez l'avantage de vous trouver en ce moment, et, ensuite, je vous prierai de trouver bon que je vous demande à votre tour qui vous êtes... Il est bien entendu que si cette question ne vous agréait point, vous seriez parfaitement libre de ne pas y répondre...

> Avec nous, chacun peut, agissant à sa guise,
> Prendre un titre d'emprunt, un masque qui déguise...
> Et qu'il dise son nom, ou qu'il reste inconnu,
> S'il est bon compagnon, qu'il soit le bienvenu !...

— Rien n'est plus commode, sans doute, — répliqua Denis ; — mais, pour ma part, je n'ai rien au monde à cacher, et je puis dire tout haut qui je suis...
— Eh bien, tant mieux !... cent fois tant mieux !...

> La franchise est un bien à nul autre pareil !...
> L'aimable vérité brille comme un soleil !...
> Et nous ne pourrons point reg et er de connaître
> Celui qui sans détours a nos yeux veut paraître !...

— Ah! pour l'amour de Dieu, Clitandre, — s'écria la jeune femme aux grands yeux noirs, la même à qui nous avons entendu manifester une si vive admiration à l'endroit de la beauté de Denis, — tarissez pour un instant votre intarissable verve poétique, et daignez nous parler en humble prose !...

Le grand jeune homme jeta sur la jolie femme un regard en coulisse et répondit :

> Apaisez ce courroux, aimable Cidalise !...
> Obéir à vos lois fait mes plus doux plaisirs !...
> Et vous n'ignorez point que j'ai pris pour devise
> De m'immoler tout vif à vos charmants désirs !...

— Encore !... — murmura en riant celle que nous venons d'entendre nommer Cidalise.
— J'ai fini, — répliqua Clitandre.
— C'est heureux !...

Le grand jeune homme reprit, en s'adressant à Denis et en désignant la dame aux yeux noirs : — Cette adorable déité, dont les prunelles, quoique sombres comme le char de la nuit, lancent plus d'éclairs que le blond Phébus ne jette d'étincelles, se nomme la vicomtesse Cidalise... Cette autre ravissante femme, aux yeux bleus et trompeurs comme l'azur profond des mers, est la marquise Dorimène. Voici madame Araminthe, voici madame Oronte, et mesdemoiselles Lisette, Colette et Mathurine. Quant à ces messieurs, ils ne sont point de moins illustre souche. Celui-ci, que j'ai l'honneur de vous présenter, se nomme le marquis Damis ; cet autre, le vicomte Léandre ; voilà le chevalier Valère ; voici messieurs Orgon et Mondor ; voici le célèbre Labrie, et, enfin, moi, votre très-humble serviteur, qui réponds modestement au nom de Clitandre.

Denis s'était incliné autant de fois que Clitandre avait désigné de personnes.

Après la tirade du jeune homme, il salua jusqu'à terre.
— Et, maintenant, poursuivit Clitandre, — maintenant que vous nous connaissez pour le moins aussi bien que nous connaissons nos propres parents, je vous prierai, mon gentilhomme, de vouloir bien vous présenter vous-même à ces dames et à ces messieurs...
— Je suis le chevalier Denis Jean de Poulailler, — répondit notre héros avec une assurance modeste.
— Ah! diable !... — s'écria Clitandre, — bonne famille !... excellente famille !... grande famille !... vieille souche !...
— Il est de fait que j'ai beaucoup entendu parler des Poulailler, dit Léandre.
— Oh ! — fit la jeune Mathurine qui semblait naïve, — j'ai mangé une fois de bien bons œufs frais, lesquels, m'a-t-on affirmé, sortaient à l'instant même du poulailler. Est-ce que c'est la même famille, monsieur ?...

Cette étrange question, faite de la meilleure foi du monde, souleva des éclats de rire homériques.
— Mathurine, — dit Clitandre d'un ton narquois, — demandez-vous cela, ma chère, parce que monsieur le chevalier vous semble un jeune coq fort bien planté sur ses ergots ?...
— Je vous préviens, cria la jolie personne à qui s'adressait cette phrase railleuse, — je vous préviens, Clitandre, que si on a l'air de se moquer de moi je vais me fâcher,

et je ferai ensuite comme Lindor... je vous planterai là, et vous vous débrouillerez comme vous pourrez !...

Sans doute cette menace portait en soi quelque chose de sérieux, car les rires cessèrent aussitôt.

Denis ne comprenait pas grand'chose à ce qu'il voyait et à ce qu'il entendait, et ne se rendait nullement compte de la position sociale de ses interlocuteurs.

Clitandre devina son embarras.
— Chevalier de Poulailler, — fit-il, — maintenant que vous savez nos noms à tous, avouez franchement que vous voudriez bien savoir en même temps qui nous sommes ?...
— Ma foi, — répondit Denis, — je l'avoue de tout mon cœur...
— Eh bien, je m'en vais vous le dire...

Et malgré sa promesse solennelle à Cidalise, Clitandre se mit à déclamer :

> Nous sommes la gaîté, nous sommes la jeunesse,
> Tout ce qui rit et chante, et doucement caresse !...
> Sous un masque moqueur cachant la vérité,
> Nous savons cependant raviver sa clarté !...
> Nous parlons follement ; pour rire un nous écoute,
> Et nous faisons, parfois, du bien sans qu'on s'en doute.
> Attaquant les abus, redressant les erreurs,
> Nous peignons en jouant les choses et les mœurs,
> Du vice et du travers donnons la parodie,
> Et sommes, en un mot, l'errante comédie !...

— Quoi !... — s'écria Denis, — vous êtes des comédiens ?...
— Comme vous dites, chevalier, ni plus ni moins que les héros du *Roman comique* de feu ce bon monsieur Scarron... Et c'est à moi, à moi, Clitandre, qu'appartient l'insigne honneur de diriger cette troupe nomade, qui ne le cède en rien à celles de nos très-illustres confrères messieurs les comédiens ordinaires de Sa Majesté... dont il n'est pas un seul de nous qui ne compte faire partie, un jour ou l'autre...
— Et vous y arriverez, je n'en doute point... — répliqua Denis.
— Ma foi, ni moi ni non plus... — poursuivit Clitandre, — et, franchement, quand on nous aura vus dans la comédie nouvelle à laquelle je mets en ce moment la dernière main...
— Vous faites donc aussi des comédies ? — interrompit Denis.
— Oui, chevalier. Je suis auteur en même temps qu'acteur : je marche de deux façons sur les traces de notre maître, le divin Poquelin de Molière... Ma pièce est en cinq actes et en vers, elle est intitulée : *Le Mari battu et content de l'être*. Entre nous, c'est un chef-d'œuvre ; la donnée ne laisse rien à désirer, comme originalité vraiment comique : les situations sont neuves et piquantes, les caractères variés et admirablement soutenus, et quant à la versification, ah! ma foi, vous en jugerez par vous-même. Vous devez être connaisseur, et je veux, avant de nous séparer, vous en réciter quelques tirades.

Et déjà l'auteur-acteur-directeur prenait une pose déclamatoire qui présageait un ouragan de rimes.

Heureusement Cidalise intervint.
— Clitandre, — dit-elle, — monsieur le chevalier ne songe pas à vous quitter, quant à présent du moins... laissez donc pour un instant vos tirades de côté...
— Ah! — répliqua négligemment Clitandre, — je ne demande pas mieux !... Je ne suis point, grâce au ciel ! de ces poètes qui vous assomment les gens de leurs insipides productions... Je vous déclamerai plus tard les fragments de ma comédie, chevalier...
— Chevalier, — demanda vivement Cidalise, — y aurait-il de l'indiscrétion à vous prier de nous expliquer par quel concours de circonstances fortuites vous vous êtes trouvé là, tout à l'heure, si juste à point pour nous procurer le plaisir de votre compagnie ?...
— De l'indiscrétion, madame ? Aucune. Rien n'est plus simple que ce que vous me demandez. Ainsi que je vous le disais tout à l'heure, je suis un cadet d'une bonne famille de Normandie. Mes parents voulaient faire de moi un abbé... mais je n'avais pas la vocation, le petit collet ne me souriait point... D'ailleurs il y avait, brochant sur le tout, je ne sais plus quelle histoire d'amourette... Bref, je refusai tout net. De là, colère, brouille, rupture. Je quittai le logis paternel et je m'en allai courir le monde, fort bien nippé et la bourse assez ronde...
— Ce récit simple et touchant m'intéresse au plus haut point... — murmura Cidalise.

Denis reprit : — Pendant quelque temps, tout alla bien. Mais peu à peu la garde-robe s'est dégarnie; la bourse ronde est devenue flasque, puis tout à fait vide; et comme je suis beaucoup trop fier pour m'adresser à mon noble père le marquis de Poulailler et pour lui avouer ma détresse et lui demander de me remettre à flot, voilà ce qui fait que vous m'avez vu passer tout à l'heure, gagnant Paris à pied, sans un sou dans ma poche, vêtu comme me voilà, et n'ayant point encore déjeuné.

— Il n'a pas déjeuné! — s'écria Cidalise en levant les mains et les yeux vers le ciel; — il n'a pas déjeuné!... grand Dieu!... Ah! chevalier, chevalier, vous nous fendez le cœur!...

Et la jeune femme, collectionnant avec empressement toutes les petites croûtes sèches qui avaient survécu au repas de la joyeuse bande, s'empressa de les présenter à Denis, en disant : — Tenez, tenez, chevalier... c'est bien dur, ça n'est pas fort bon... mais que voulez vous?... nous ne sommes pas riches non plus, nous, tant s'en faut. Ah! si nous avions des pâtés de faisan à vous offrir! mais, malheureusement, nous n'en avons pas...

Denis, qui mourait de faim, trouva les croûtes sèches délicieuses et fit grandement honneur à ce déjeuner un peu plus que frugal.

Amplement désaltéré par deux pleins gobelets de l'eau fraîche de la source, il se sentit tout autre qu'il n'était en arrivant.

D'ailleurs, les comédiens nomades l'avaient mis à son aise en lui apprenant leur profession, et il ne rougissait plus de sa misère profonde vis-à-vis de gens qui, il le voyait à merveille, n'étaient guère moins dépourvus que lui.

Tandis que Denis dévorait, une sorte de petit conciliabule mystérieux s'était formé entre Clitandre, Damis, Valère, Léandre, Cidalise, Dorimène et deux ou trois autres de ces dames.

On chuchotait à voix basse; par conséquent notre personnage ne pouvait saisir au vol un seul mot de ce qu'on disait.

Seulement, à la chaleur de l'entretien et aux regards fréquents dont il se voyait le but, il ne pouvait douter un seul instant qu'on ne parlât de lui.

Mais qu'en disait-on? Voilà ce qu'il ne pouvait pas même soupçonner.

Enfin le conciliabule eut un terme.

Dorimène envoya une œillade à Denis.

Cidalise lui décocha un sourire.

Clitandre lui prit la main et donna à son visage une expression de franchise expansive et de vif intérêt.

VIII. — BLAISE

Denis, fort intrigué de tous ces préambules muets, attendait que Clitandre rompît le silence.

Il n'attendit pas longtemps.

— Mon cher chevalier, — dit le comédien, — me permettez-vous de m'immiscer jusqu'à un certain point dans vos affaires, par pur intérêt?...

— Je vous permettrai tout ce que vous voudrez, — répliqua Denis.

— Si j'ai bien compris vos paroles de tout à l'heure, vous allez à Paris?

— Oui.

— Vous êtes assuré, sans doute, d'y trouver des ressources?

— Ma foi, non.

— Quoi! vous n'avez point, là-bas, quelque parent?

— Aucun... aucun, du moins, chez qui je veuille me présenter...

— Quelque ami?

— Pas davantage.

— Mais, alors, de quelle façon comptez-vous donc vivre!

— Je n'en sais absolument rien.

— Diable! diable! Peut-être, comme beaucoup de jeunes gens de votre âge, vous faites-vous d'étranges illusions sur Paris!... C'est une ville, voyez-vous, mon cher chevalier, où les alouettes ne tombent point du ciel toutes rôties!... Je l'ai pratiqué, moi qui vous parle, ce damné Paris, et je vous affirme que, si c'est un paradis pour les gens riches, c'est un enfer véritable pour ceux qui n'ont pas le sou!

— Hélas! — répliqua Denis, — que puis-je faire à ce que vous me dites?

— Rien, assurément, et tenez pour certain que je ne chercherais point à vous décourager ainsi, si je n'avais un expédient à vous proposer...

— Un expédient?

— Oui.

— Lequel?

— Ne vous gendarmerez-vous point contre moi?

— En aucune façon.

— Eh bien, faites-vous comédien. Ma foi, le mot est lâché!

— Comédien! — répéta Denis stupéfait.

— C'est un état charmant, pour lequel se décident beaucoup de jeunes gens de noblesse... On n'y déroge point... D'ailleurs, vous changerez de nom... vous vous ferez appeler Éraste ou Valsain, et personne ne se doutera, en criant bravo au charmant acteur, qu'il applaudit en même temps un gentilhomme de grande race, un chevalier de Poulailler...

— Ah! — répliqua Denis, — ce ne serait point la crainte de déroger qui m'arrêterait, mais...

— Mais quoi?

— Je n'ai pas ce qu'il faut pour monter sur un théâtre...

— Que vous manque-t-il donc?

— Tout.

— Rien, au contraire. N'avez-vous point un charmant visage, un regard expressif, la taille fine et la jambe belle? Avec votre esprit, car vous en avez aussi, et beaucoup, vous irez aux nues...

— Songez donc au manque d'habitude...

— On se forme. N'avons-nous pas tous commencé?

— Ma gaucherie serait extrême...

— Qu'appelez-vous gaucherie un aimable embarras, une timidité gracieuse?... Ah! chevalier, chevalier, avec un tant soit peu de rouge et quelques mouches habilement placées, quels ravages ne ferez-vous pas dans les cœurs!

Denis souriait.

Il semblait hésiter encore; mais, dans le fait, il était à moitié vaincu.

Les libres allures de la comédie errante ne pouvaient manquer d'être sympathiques à ses instincts aventureux.

Clitandre, se voyant à peu près sûr de la victoire, reprit vivement : — Voyez-vous, chevalier, le théâtre conduit à tout!... Ma grande comédie du Mari battu et content de l'être ne peut manquer de fixer sur nous l'attention générale... Je vous y destine un rôle magnifique et qui fera parler de vous... Paris ne tardera point à nous réclamer, et nous entrerons dans la grande ville, non plus comme des bateleurs humbles et inconnus, mais comme de véritables triomphateurs. Vous serez libre alors, chevalier, de choisir, pour l'avenir, le chemin qui vous plaira le mieux; mais jusque-là, du moins, vous aurez vécu.

Denis prouva par un signe de tête affirmatif qu'il sentait toute la justesse et toute la force de ces arguments.

— Eh bien! — lui demanda Clitandre, — que décidez-vous?

— J'accepte.

— Vous serez des nôtres?

— Oui.

— Bravo! chevalier! bravo!... et maintenant que votre détermination est prise, je puis vous dire qu'en agissant ainsi, vous nous rendez un grand service.

— Un service... moi?...

— Vous-même.

— Et de quelle façon?

— Voici : nous comptons beaucoup, pour faire des recettes à Mantes et dans les autres villes que nous devons parcourir ensuite, sur une pièce que nous venons de monter avec le plus grand soin. Cette comédie, en trois actes, s'appelle les Trois Cousines; elle est de Florent Carton Dancourt, et vous avez dû tout à l'heure nous entendre chanter les couplets de l'intermède qui termine le second acte.

— J'ai entendu, en effet, — répliqua Denis; — n'est-il pas question dans ces couplets de bonne aventure et de garde-moulin?

— C'est cela même; les vers, assurément, ne valent point ceux du Mari battu et content; cependant ils sont jolis et l'air est rempli de gaillardise.

— C'est mon avis.

— C'est aussi celui du public. Or donc, tous les rôles ont été distribués et appris, et nous serions prêts pour la représentation, sans la disparition inattendue d'un petit drôle qui tenait dans notre compagnie les rôles de jeunes amoureux et de jeunes comiques...

— Et il a disparu?... — demanda Denis.

— Subitement.

— Et sait-on ce qu'il est devenu?

— On ne le sait que trop!... Lindor (il s'appelait ainsi) était, pour son malheur, un très-joli garçon : c'est ce qui l'a perdu... Une vieille bourgeoise de Rouen, veuve d'un procureur et immensément riche, en est devenue follement éprise... elle l'a fait enlever la semaine dernière; elle l'accable depuis ce temps des témoignages d'une tendresse déplorable... elle l'environne de bienfaits odieux... enfin, elle parle de l'épouser... Il a dix-huit ans, et elle en a soixante!... Vous voyez bien, chevalier, que le malheureux n'en reviendra pas!...

— Le fait est, — répondit Denis en riant, — que la situation est triste!...

— Lamentable!... J'en reviens à nous : faute de Lindor, chargé du rôle de *Blaise*, amoureux de *Colette*, nièce de la *meunière*, la représentation devient impossible; nous sommes forcés de retomber dans notre vieux répertoire, lequel est usé jusqu'à la corde, et nous nous voyons contraints de renoncer à ces triomphantes recettes dont l'espoir et l'attente nous soutenaient...

— Mais, dans tout cela, — hasarda Denis, — je ne vois pas trop en quoi je puis vous être utile...

— Comment? en quoi! mais vous nous sauvez la vie!... Vous allez apprendre le rôle de *Blaise*... il semble fait tout exprès pour vous...

— Est-il long?...

— Quelque chose comme deux cents ou deux cent cinquante lignes... une bagatelle...

— Miséricorde!... Et quand comptez-vous la jouer, cette pièce?

— Après-demain, au plus tard.

— Plaisantez-vous?

— En aucune façon, chevalier.

— Et vous prétendez que, d'ici à après-demain, j'apprenne par cœur un rôle pareil?...

— Mon Dieu oui; nous n'y mettrions pas si longtemps, nous.

— Vous, peut-être, à cause de l'habitude... mais moi qui n'ai jamais rien appris, c'est bien différent... je n'en saurai pas un seul mot...

— Bah! laissez donc!... D'ailleurs, si la mémoire vous manque, on *vous tendra la perche*...

— Vous dites?

— Je dis qu'on vous tendra la perche... en d'autres termes, on vous soufflera... D'ailleurs Cidalise, qui joue *Colette*, est toujours en scène avec vous; elle sait les deux rôles, cette chère enfant; elle vous glissera tout doucement dans l'oreille les premiers mots de vos répliques...

— Oh oui! chevalier, — répondit l'actrice d'une voix tendre l'actrice aux yeux noirs; — comptez absolument sur moi... je ne vous laisserai jamais dans l'embarras...

Et elle accompagna ces mots d'une œillade irrésistible.

Denis n'y résista point.

— Allons, — dit-il, — je cède... je ferai tout ce que vous voudrez.

— Ah! chevalier, — reprit Cidalise, — vous êtes aussi aimable que vous êtes beau...

— A merveille!... — s'écria Clitandre. — Eh bien, puisque nous voilà d'accord, si vous faisiez tout de suite une petite répétition préparatoire?

— Je ne demande pas mieux, répondit l'actrice; — il fait si bon sous ces grands arbres, que j'y demeurerais volontiers pendant la journée entière...

— Rien ne nous empêche de laisser passer la chaleur et de ne nous remettre en route que ce soir...

— Eh bien, voilà qui est convenu. Chevalier, nous commencerons quand vous voudrez...

— Je n'attends que vos ordres, madame...

— Clitandre, je sais mon rôle sur le bout du doigt; donnez une brochure au chevalier...

Le comédien-directeur tira de la poche de son habit de taffetas gorge-de-pigeon une brochure recouverte en papier bleu, roulée avec soin et attachée avec un ruban.

Il la déploya et la présenta à Denis.

La pièce de Florent Carton Dancourt, à cette époque retiré de l'existence scénique et littéraire, et menant la vie d'un seigneur de paroisse dans sa terre de Courselles-le-Roi, en Berry, était imprimée sur gros papier gris, avec des têtes de clou, et portait le millésime 1700.

Cidalise prit la brochure des mains du futur *Blaise* et lui dit : — Attendez, je vais vous montrer où se trouve la première réplique du rôle... Tenez, c'est ici... commençons, et surtout n'oubliez pas, chevalier, que vous êtes amoureux de moi...

— Hein?... — s'écria Denis stupéfait.

Tout le monde se mit à rire, Cidalise comme les autres.

— Oh! dans la pièce, — reprit-elle, — rien que dans la pièce!... Je ne vous pas assez de mal pour vous souhaiter de le devenir en réalité...

Ces derniers mots furent accompagnés d'un regard et d'un sourire singulièrement significatifs et provocants.

Denis aurait voulu trouver à répondre quelque galanterie, mais son esprit n'était point encore rompu à ces situations; il rougit beaucoup de sa plaisante méprise, plus encore de la réponse qui venait de lui être faite par la jolie comédienne, et il resta muet.

— Peut-être ne serait-il point inutile, — dit alors Clitandre, — d'analyser rapidement pour le chevalier le commencement du premier acte, afin qu'il lui soit plus facile de se mettre en situation...

— A quoi bon? — répondit Cidalise, — quatre mots suffisent. Je m'appelle Colette et le chevalier se nomme Blaise; je suis fort coquette et même légèrement délurée; Blaise est très-naïf, un peu timide, extrêmement amoureux : tout est là, et je crois que mon explication est au moins aussi claire que la pièce elle-même...

Maître Finck, le contre maître de *la Torpille*, et deux ou trois autres matelots étaient d'origine anglaise; Denis, pendant son séjour sur le bâtiment du capitaine Goulard, avait donc appris à parler anglais tant bien que mal.

A Londres, il avait assisté à quelques parades jouées sur des théâtres de l'ordre le plus infime.

Il avait donc une sorte d'idée, quoique vague et incomplète, de ce que c'était qu'une représentation théâtrale; il savait par conséquent qu'une comédie est la mise en scène dialoguée d'un fait ou d'une aventure quelconque.

Il ne se sentit donc pas extrêmement embarrassé quand il eut entre ses mains la brochure des *Trois Cousines*.

Nous n'ignorons point d'ailleurs combien son intelligence était active, brillante, et combien son imagination était prompte à saisir et à concevoir toute chose.

L'actrice aux yeux noirs reprit : — Attention, chevalier, je commence, et n'allez pas oublier, surtout, que c'est de *Blaise* et de *Colette* qu'il s'agit, et non plus de Cidalise et de Jean-Denis de Poulailler...

Une fois cette répétition préliminaire achevée, Denis, qui n'avait fait que lire son rôle d'un bout à l'autre, reçut les compliments de tout le monde, et de Clitandre et de Cidalise plus que des autres.

Est-ce à dire qu'il se fût montré passable?...

Non certes! il avait été et promettait de rester toujours très-médiocre.

Seulement, animé peu à peu par les vives œillades de la jolie *Colette*, il avait pris goût aux galantes fadaises qu'il lui débitait, et il avait montré une certaine chaleur que Cidalise appréciait fort, parce qu'elle en devinait l'origine, et que Clitandre acceptait comme le présage des heureux débuts.

— Chevalier, — dit-il à Denis, — j'ajouterai cinquante vers à la grande tirade du rôle que je vous destine dans ma comédie du *Mari battu*... Croyez-moi sur parole, votre véritable vocation vous appelait au théâtre : vous en serez un jour le phénix!...

Des éloges, si peu mérités qu'ils soient, chatouillent toujours une nature aussi orgueilleuse que l'était celle de notre héros.

Les compliments dont il se vit accablé le firent donc se rengorger incontinent, ainsi qu'un paon qui fait la roue. Il se mit à bavarder à tort et à travers, et comme, au milieu de son déluge de paroles, il laissa échapper quelques saillies réellement spirituelles et qui furent très-applaudies, il grandit gigantesquement dans la bonne opinion qu'il avait de lui-même, et aussi dans celle qu'il avait inspirée à Cidalise.

Seulement, de temps à autre, au plus fort de son triomphe, il ne pouvait s'empêcher de jeter un regard sur sa personne, et l'état d'excessif délabrement de son costume lui faisait éprouver une douloureuse humiliation.

Clitandre, qui s'en aperçut et qui voulut s'attacher à tout jamais par des bienfaits un sujet précieux, quitta le frais gazon sur lequel il était assis et se dirigea vers la charrette dont nous avons déjà parlé.

Il revint au bout d'un instant, apportant un costume complet qui, s'il n'était point de la plus entière fraîcheur, ne manquait cependant pas d'élégance.

Habit mordoré, veste brodée, culotte de soie, chapeau

galonné, souliers à talons rouges, rien n'y manquait, pas même une petite épée de cour, véritable jouet d'enfant, arme de parade plutôt que d'utilité.

Denis, enchanté, improvisa un cabinet de toilette en se retirant derrière un buisson très-épais, où il procéda à sa transformation.

Au bout de peu d'instants, la métamorphose fut complète.

Denis, radieux, sourit à son image que lui renvoyait, avec une fidélité semblable à celle de la meilleure glace de Venise, le cristal transparent du petit ruisseau; puis il revint trouver les compagnons que le hasard lui avait donnés.

Réellement, il n'était plus reconnaissable.

Un cri d'admiration s'échappa de toutes les bouches, même de celles des hommes.

Cidalise, qui était fort impressionnable, comme on sait, se pâma presque d'enthousiasme.

Quant à Clitandre, sa verve poétique se trouva aussitôt montée sur le ton le plus haut, et il s'écria :

Tel on vit Adonis!... — Tel on verrait l'Amour,
Si ce fils de Vénus, prenant l'habit de cour,
Déposait son bandeau, quittait son doux empire,
Se mêlait à nos jeux et daignait nous sourire.
N'est-ce point en effet quelque dieu déguisé,
Venu pour nous lancer un trait bien aiguisé?
D'où viens-tu ? — De quel nom faut-il que l'on te nomme ?
Dis-le-moi, noble enfant, trop beau pour être un homme!
Mainte belle pourra, ne trouvant plus son cœur,
Te croire Cupidon, et crier : Au voleur !

— Qui je suis? — répondit le jeune homme en riant. — je suis, à votre choix, Blaise, le petit garde-moulin, ou bien le chevalier Denis-Jean de Poulailler!...

IX. — DÉBUTS

Tout le reste de cette journée se passa pour Denis d'une façon rapide et charmante. Les flatteries dont il se voyait l'objet et qu'il acceptait comme autant d'hommages mérités, lui causaient la sensation la plus agréable.

Ajoutons à cela que la grâce un peu minaudière et les provocantes agaceries de Cidalise ne le trouvaient point insensible.

Et puis, nous le répétons, il y avait beaucoup du bohème dans la nature de Denis Poulailler, et l'existence nomade et aventureuse des comédiens ambulants devait lui paraître et lui paraissait en effet excessivement séduisante.

Nous savons d'ailleurs sous quel riant aspect et avec quel cadre enchanteur cette vie venait de se montrer à lui pour la première fois.

L'impression produite aurait été bien différente, s'il avait vu les pauvres acteurs nomades, trempés et morfondus par un jour de pluie, grelottants de froid et crottés jusqu'à l'échine.

Peu à peu, la brûlante chaleur du jour se passa, le soleil descendit à l'horizon et disparut derrière les grands arbres.

L'heure de se remettre en route était arrivée.

Chacun quitta, non sans regret, le gazon vert et les bords de la fontaine transparente.

On attela à la charrette le grand cheval et le petit âne; les dames prirent place sur ce véhicule fort incorrect, où se trouvaient entassées, pêle-mêle, les malles et les boîtes de paille.

Les hommes escortèrent cet attelage primitif et la caravane s'ébranla.

Bientôt une voix s'éleva, puis une autre, et tout le long du chemin, les joyeux pèlerins répétèrent en chœur les couplets des divertissements des *Trois Cousines*.

Il restait encore six lieues de chemin à faire pour atteindre Mantes.

Or, le cheval et l'âne ne faisaient qu'une lieue à l'heure, et encore à grand'peine.

La lune s'était donc levée au ciel, et sa douce clarté remplaçait depuis bien longtemps la lueur du jour, quand les voyageurs arrivèrent.

Le lendemain et le surlendemain furent, pour le débutant futur, des journées de rude travail.

Il lui fallut consacrer la moitié de son temps à apprendre le rôle, et l'autre moitié à répéter la pièce.

Sans doute le jeune homme, impatient de toute sujétion, aurait jeté bien vite la brochure aux orties, s'il n'avait eu Cidalise pour compagne de labeur.

Nous ne prétendrions point affirmer que Denis fût amou-

reux de l'actrice, mais il est certain qu'il ressentait un goût très-vif pour cette jolie personne, et qu'il trouvait plus de plaisir que de fatigue à l'entendre lui donner la réplique et à la voir diriger ses pas incertains sur le plancher raboteux de la grande salle d'auberge, dont une partie, séparée du reste de la pièce par une sorte de cloison mobile, devait servir de théâtre.

Dès le matin du troisième jour, de petites affiches, écrites à la main, furent placardées au coin des principales rues de Mantes pour annoncer la représentation du soir.

Le tambour battit dans la ville, et le crieur public engagea les habitants à se rendre, dès six heures et demie, à l'hôtellerie des *Armes de France*, où, moyennant une rétribution modique, ils seraient admis à voir une troupe de comédiens incomparables donner la première représentation des *Trois Cousines*, comédie en trois actes.

Le soir arriva, la recette fut médiocre; Denis, fort troublé et perdant dès la première réplique la tête et la mémoire, ne produisit aucun effet.

Cidalise en pleura, et accusa les spectateurs mantais d'une souveraine injustice.

Quant à Clitandre, tout en comptant le petit nombre de pièces blanches qui venaient d'entrer dans la caisse directoriale; il se dit :

— Allons, décidément, il n'y a plus que *le Mari battu et content de l'être* qui puisse triompher de l'indifférence du public!... Je vais hâter les répétitions...

La troupe nomade passa encore trois ou quatre jours à Mantes, jouant chaque soir sans grand résultat, puis elle se remit en route.

Tous les environs de Paris furent exploités, sans qu'on rencontrât nulle part ce filon d'or que les pauvres comédiens trouvent si rarement sur leur chemin.

Clitandre et ses acteurs traversèrent même la grande ville, mais ne s'y arrêtèrent point.

Il ne leur était pas permis d'y donner des représentations, et l'état de leurs finances leur interdisait sévèrement un séjour coûteux et inutile.

— Ah! — murmura Denis en jetant sur ce Paris, qu'il entrevoyait à peine, un regard plein de curiosité, d'admiration et d'envie, — c'est là, je le sens bien, qu'est ma place!... c'est là que je dois vivre un jour! c'est là que je trouverai la fortune et la célébrité!... mais il faut attendre... je ne puis pas entrer en mendiant dans cette ville où je veux régner!

Les comédiens firent plusieurs étapes.

Ils s'arrêtèrent et séjournèrent à Corbeil, à Melun, à Fontainebleau.

Là ils jouèrent les principales pièces de leur répertoire, afin de ne pas mourir de faim, et Clitandre poussait avec une activité prodigieuse les répétitions de sa grande comédie, qui devait être pour eux tous, — pensait-il, — le *Sésame, ouvre-toi!* de l'opulence et de la gloire.

Enfin l'œuvre mémorable se trouva prête.

Chacun était sûr de son rôle, et Clitandre se déclarait ravi du jeu de tous ses interprètes.

Il parut urgent, afin de ne point jeter, comme on dit vulgairement, ses perles devant les pourceaux, de gagner une ville de quelque importance pour y donner la première représentation.

La troupe poussa donc jusqu'à Joigny.

Cette cité possédait un véritable petit théâtre, qui fut mis par l'autorité municipale à la disposition de Clitandre.

Ce dernier, décidé à donner une splendeur mémorable à la solennité qu'il préparait, se lança dans un luxe inouï de dépenses inusitées.

Ainsi, il fit faire des affiches imprimées, sur lesquelles le titre de la pièce brillait en gros caractères.

Il rebadigeonna lui-même deux décorations (les cinq actes se passaient dans un salon et dans un jardin) et il fit retourner deux ou trois habits et autant de jupes.

Ceci l'autorisait à faire courir le bruit que les décors et les costumes étaient entièrement neufs et n'avaient jamais servi.

Enfin, et ce fut là un véritable coup de maître, il doubla presque le prix habituel des places.

Les *premières* furent portées à trente sous, les *deuxièmes* à quinze, et le parterre, où l'on se tenait debout, à six sous.

Ceci produisit un effet magique.

Le public se dit que, puisqu'il en coûtait si cher pour *voir le spectacle*, c'est que, bien certainement, ce spectacle devait valoir la peine d'être vu.

La curiosité fut donc violemment surexcitée, et, dès l'ouverture de l'unique porte du théâtre, une foule compacte...

Mais n'anticipons pas sur le récit des événements.

Autrefois, comme de nos jours, les comédiens se sont affranchis trop volontiers du joug de certaines lois religieuses et morales qui régissent le monde, et sans l'observation desquelles toute société bien organisée est impossible.

Ainsi le mariage régulier leur semble le plus souvent une chaîne lourde et difficile à porter.

Ils le remplacent par des unions morganatiques que la fantaisie forme à son gré, et que dénouent le caprice et l'inconstance.

Alors, comme à notre époque, il y avait des exceptions, heureusement, mais elles étaient rares, plus rares encore qu'aujourd'hui.

Clitandre obéissait à la loi commune.

Il avait contracté avec Cidalise une de ces alliances de la main gauche, dont nous parlions tout à l'heure. Il gardait d'ailleurs dans cette liaison un extrême décorum; son affection était sincère et profonde; il croyait la jeune femme fort coquette, un peu légère en ses propos, mais fidèle; bref, il avait en elle une confiance absolue et ne se montrait point jaloux.

Clitandre, nous le lui avons entendu dire à lui-même, avait un double rapport avec son maître, le divin Molière : comme lui il était auteur et comédien tout à la fois.

Malheureusement, il y avait encore entre eux un troisième rapport qu'il ne soupçonnait point.

C'était d'être souvent trompé par l'objet de son affection.

Plusieurs caprices successifs de Cidalise n'avaient pu lui donner l'éveil et lui faire ouvrir les yeux. Cependant, tôt ou tard la vérité devait se faire jour; ce fut ce qui eut lieu en effet.

Il est impossible que nos lecteurs ne se soient point aperçus des avances provocantes faites par la comédienne aux yeux noirs au prétendu chevalier de Poulailler.

Une familiarité qui ne resta que bien peu de temps innocente, s'établit entre les deux jeunes gens, et bientôt le jour arriva où Clitandre eût pu s'appliquer mieux qu'à personne le titre de sa comédie nouvelle, et surtout celui du conte de la Fontaine auquel il l'avait emprunté.

Il n'était pas un seul des acteurs de la troupe nomade qui ne sût admirablement bien à quoi s'en tenir à cet égard.

Clitandre seul ne soupçonnait rien.

Le jour même de la première représentation du *Mari battu et content de l'être*, après la répétition générale, une discussion assez vive eut lieu entre le chevalier Valère et Eraste. *Eraste* était le nom de théâtre adopté par Denis.

Dans cette discussion, notre héros eut le dernier et piqua au vif son adversaire, qui, blessé dans son amour-propre et réduit au silence, se promit à lui-même de se venger bientôt.

Nous allons voir de quelle façon il se tint parole.

X. — LE MARI BATTU ET CONTENT

Dès l'ouverture de l'unique porte du théâtre, disons-nous un peu plus haut, une foule compacte se pressait devant le bureau de distribution des billets.

Clitandre, radieux de cette affluence dans laquelle il voyait un présage de succès, et revêtu déjà de l'habit pailleté qui devait lui servir pour jouer dans la pièce nouvelle dont il était tout à la fois l'auteur et l'un des interprètes, ne dédaignait point de remplir les modestes mais utiles fonctions de buraliste et de contrôleur.

Il distribuait les cartes d'entrée, il recevait l'argent des spectateurs, et il éprouvait un sentiment d'indicible joie en voyant s'arrondir le petit sac de toile grise dans lequel il entassait les pièces blanches et la menue monnaie.

Un jeune garçon fendit la presse et remit à Clitandre une lettre pliée et cachetée avec soin.

Le directeur était en ce moment au plus fort de ce qu'on appelle le coup de feu.

Il n'eut, par conséquent, pas le temps de décacheter l'épître en question, qu'il glissa dans la poche de son habit et à laquelle il ne pensait plus au bout de deux minutes.

Peu à peu la salle se garnit entièrement.

Les retardataires étaient arrivés, et comme l'heure de commencer le spectacle approchait, Clitandre dut quitter son poste à la porte et passer sur le théâtre afin de mettre la dernière main à sa toilette.

Il se retira donc dans le trou humide et à peine éclairé par un quinquet fumeux, qui lui servait de loge, et il se mit en devoir de placer son rouge et de se poser quelques mouches.

Il venait d'achever cette importante besogne et il ajustait le ceinturon de son épée, laquelle devait jouer un rôle dans la pièce (car il y avait un duel au quatrième acte, duel innocent s'il en fût, dans lequel personne ne devait être blessé, et qui se terminait par une réconciliation), quand on vint le prévenir que le public s'impatientait et commençait à faire un certain tapage.

— Tout le monde est-il prêt? demanda Clitandre à Orgon, qui remplissait dans la troupe les fonctions de régisseur.

— Tout le monde.

— En es tu bien sûr?

— Parfaitement sûr. Je viens de voir Cidalise, Dorimène, Araminthe, Damis, Léandre, Mondor et Eraste, qui sont du premier acte avec toi... Ils attendent.

— Alors, fais frapper, me voici...

Orgon sortit, et Clitandre s'apprêtait à le suivre, lorsque Denis, ou, si l'on veut, Eraste, entra dans la loge.

Il venait demander un dernier conseil à l'auteur-directeur au sujet de son *entrée*.

Clitandre lui donna le conseil réclamé, et ils quittèrent ensemble la loge, mais non pas sans que Denis eût remarqué le sac qui contenait la recette et que Clitandre avait placé et oublié sur le coin de la table.

— Allons, pensa-t-il avec satisfaction, le sac est lourd, la recette est forte; nous déjeunerons, ces jours-ci, avec quelque chose d'un peu meilleur que du pain dur et de l'eau claire!

Le signal fut donné, et la toile se leva sur le premier acte de la comédie nouvelle.

Soit que la pièce fût passable, soit que les beaux yeux des actrices disposassent à l'indulgence, et même à l'enthousiasme, les habitants de Joigny, ce premier acte alla aux nues.

Clitandre était rayonnant.

Son triomphe se lisait dans ses regards étincelants et dans son allure victorieuse.

Le second acte ne réussit pas moins complètement que celui qui venait de le précéder.

Le succès grandit encore au troisième; il était impossible de prévoir où s'arrêterait un semblable triomphe. Sans doute, après la comédie, on couvrirait de fleurs les actrices et on décernerait à l'auteur des couronnes de laurier.

Un entr'acte assez long succédait au troisième acte, il était nécessité par un changement de costume de Cidalise et d'Araminthe. Il fallait, en outre, remplacer un *salon* par un *jardin*.

Clitandre alla dans sa loge se reposer un instant et essuyer la sueur qui ruisselait sur son front glorieux.

En fouillant dans sa poche pour en retirer son mouchoir, sa main froissa une feuille de papier.

Il se souvint aussitôt de cette lettre qui lui avait été remise avant le spectacle et dont il ignorait encore le contenu.

Il la prit, il en brisa le cachet et il la lut d'un bout à l'autre avec des signes manifestes de surprise et d'émotion.

Cette lettre était une épître anonyme et dont l'écriture avait été déguisée avec le plus grand soin.

Elle contenait le récit détaillé, appuyé sur des preuves irrécusables, de la complicité amoureuse de Cidalise et du chevalier de Poulailler, et, par conséquent, de la trahison collective dont ils se rendaient coupables à l'endroit de Clitandre.

Ce dernier, nous l'avons déjà dit, n'était de son naturel ni soupçonneux ni jaloux; mais il avait un esprit droit et logique, qui, une fois sur la trace de la vérité, ne s'en détournait plus.

Sans doute, abandonné à lui-même, il aurait continué à ne rien voir, à ne se douter de rien; la lettre anonyme venait de lui ouvrir subitement les yeux, et maintenant il se rappelait une foule de circonstances qui lui faisaient trouver son aveuglement incompréhensible.

Clitandre, en présence de la révélation inattendue qui lui était faite ainsi à l'improviste, n'éprouva point un de ces profonds désespoirs qui ravagent un cœur et brisent un homme en quelques minutes.

Sa tendresse pour Cidalise était d'une nature calme et bien plus platonique que sensuelle; il ne ressentit donc point les tortures de cette poignante jalousie, compagne des grandes passions, et qui est pour ainsi dire la lave brûlante de ces volcans du cœur. Son ressentiment, à l'endroit de son infidèle, fut plutôt triste que furibond, et tout ce qu'il y eut en lui de colère et de désirs de vengeance se concentra sur Denis. Il ne pardonnait point au jeune homme d'avoir trompé si vite sa confiance et son amitié.

En ce temps-là, tout le monde, ou à peu près tout le monde, était brave. Les comédiens portaient l'épée comme les gentilshommes, et, comme eux, s'en servaient volontiers. D'ailleurs, Clitandre pouvait se dire gentilhomme, étant réellement ce que Denis paraissait être, c'est-à-dire un cadet de famille, fourvoyé dans la carrière bohème du théâtre par ces irrésistibles instincts de vagabondage et d'aspirations littéraires qui, aujourd'hui encore, perdent tant de pauvres jeunes gens. C'est donc à son épée qu'il résolut d'avoir recours pour obtenir une réparation légitime.

Une fois son parti bien pris, Clitandre sortit de sa loge, et il ne tarda point à rencontrer Denis, lequel faisait le pied de grue aux alentours du réduit où Cidalise achevait son changement de costume. Clitandre alla droit à Denis, et lui frappa doucement sur l'épaule.

— Chevalier, — lui dit-il de l'air le plus calme, — deux mots, s'il vous plaît...

— Quatre si vous voulez... — répliqua Denis en riant.

— Venez sur le théâtre, je vous prie.

— Ne sommes-nous pas bien ici?

— Non.

— Pourquoi?

— Parce que j'ai quelques observations à vous faire, et que je désire qu'elles ne soient entendues de personne...

— Des observations?

— Mon Dieu, oui.

— A propos de la façon dont je joue mon rôle, sans doute?

— Précisément.

— Est-ce que vous n'êtes pas content de moi, Clitandre?

— Pas tout à fait.

— Et en quoi donc ai-je manqué?

— Venez, chevalier, et vous le saurez.

Denis suivit Clitandre.

Ce dernier le conduisit sur le théâtre, dans le coin le plus sombre, et, l'acculant entre deux portants, il lui dit : — Quand j'eus le plaisir de faire votre connaissance, chevalier, vous marchiez nu-pieds dans la poussière, vous mouriez de faim, vous mouriez de soif... vous alliez sans savoir où, ignorant comment vous souperiez le soir, comment vous déjeuneriez le lendemain...

— Mais, — interrompit Denis extrêmement troublé, — à quoi bon me rappeler...

— Ces souvenirs pénibles, n'est-ce pas? Soyez convaincu, mon cher chevalier, que je les remettant sous vos yeux j'ai un but que vous ne tarderez point à découvrir... Je reprends : Vous voyant si jeune, si isolé, et dans cet affreux dénûment, j'eus pitié de vous; ce que je pouvais vous offrir fut à la vérité bien peu de chose, du pain dur et de l'eau fraîche; mais enfin, ce pain dur et cette eau fraîche, vous ne les aviez pas, vous ne saviez où les prendre et vous n'osiez les demander...

— Clitandre! encore une fois...

— Patience, j'arrive. Donc, je débutai par vous rendre un immense service; depuis lors, vous avez vécu, tantôt bien, tantôt mal, selon que nous vivions nous-mêmes; mais enfin ne souffrant ni de la faim ni de la soif, et couchant tous les soirs dans un lit et sous le toit d'une maison; ce qui, sans moi, aurait fort bien pu ne pas vous arriver souvent... Eh bien, mon cher chevalier, comment avez-vous reconnu cette série de bons offices? comment avez-vous jugé convenable de m'en payer?... Par une de ces trahisons qui non-seulement blessent profondément l'homme qui en est victime, mais encore le rendent ridicule... Peut-être pourrai-je prendre mon parti de la blessure, mais, quant au ridicule, non, je ne l'accepte pas !...

— Je ne sais ce que vous voulez dire... — balbutia Denis.

— Vous le savez à merveille, au contraire, — répliqua Clitandre, — et votre conscience, si vous en avez une, doit vous crier, en ce moment, que vous êtes un jeune drôle !...

— Monsieur!... monsieur!... — interrompit Denis avec l'accent de la plus vive colère.

— Est-ce que, par hasard, vous prendriez ce mot de drôle en mauvaise part? — demanda Clitandre.

— Oui, certes!... je le prends ainsi !...

— Eh bien, tant mieux, cela me prouve que vous avez parfaitement saisi ma pensée. Vous tirez l'épée, je pense?

— Pardieu! d'ailleurs vous le savez bien, puisque c'est moi qui ai réglé le duel du quatrième acte.

— C'est juste, je n'y pensais plus; vous êtes même plus fort que moi, mais peu importe... Aussitôt après le spectacle, vous me suivrez... nous chercherons quelque endroit convenable pour échanger un joli coup d'épée, et le sang qui coulera, car il en coulera, tenez-le pour certain, lavera merveilleusement ce ridicule dont je vous parlais tout à l'heure...

— Soit, — répliqua Denis — je serai à vos ordres quand vous voudrez...

Clitandre s'inclina.

En ce moment, Cidalise et Araminthe, dont la toilette était terminée, parurent à l'autre extrémité du théâtre.

Orgon, le régisseur honoraire, se hâta de faire lever la toile, et le quatrième acte commença.

XI. — LE QUATRIÈME ACTE.

Ce quatrième acte était l'acte brillant de la pièce, celui sur lequel Clitandre comptait le plus pour agrandir et consolider le succès. Il y avait surtout ce duel dont nous avons déjà parlé à plusieurs reprises, et qui constituait une innovation hardie, quoiqu'il ne dût avoir d'autre résultat que d'amener une réconciliation éclatante. Si innocent que fût ce duel, il n'en donnait pas moins à la pièce une certaine couleur de comédie de cape et d'épée, fort habituelle en Espagne, mais fort inusitée en France à cette époque.

Clitandre, convaincu, non sans raison, qu'il fallait au public, avant toute chose, du nouveau, n'avait point reculé devant les risques de cette témérité inouïe.

La scène du duel était l'avant-dernière de l'acte, qui, jusque-là, marchait comme sur des roulettes, et le combat terminait cette scène, jouée par Denis Poulailler et par Clitandre, sous les pseudonymes de *Valério* et d'*Alcandor*.

C'était Denis qui était *Valério*.

N'ayant point analysé la comédie depuis son exposition, nous n'en pouvons pas davantage analyser une scène isolée, et nous devons nous borner à reproduire la dernière partie de cette scène.

Alcandor et *Valério* venaient d'avoir ensemble une explication des plus orageuses, pendant laquelle *Alcandor* n'avait point cessé de se montrer calme et railleur.

Valério perdait son sang-froid et s'écriait :

De me mettre en fureur avez-vous fait serment?.

ALCANDOR, moqueur.

Çà! mon petit monsieur, vous me semblez plaisant!...

VALÉRIO, furieux.

A changer de façons faut-il qu'on vous contraigne?...

ALCANDOR.

Qui?

VALÉRIO, menaçant.

Moi!

ALCANDOR.

Pensez-vous donc vraiment que je vous craigne?..
Vous êtes ivre ou fou !... Dormez jusqu'à demain.

VALÉRIO, exaspéré.

Oh! mais! vous m'insultez!...

ALCANDOR.

Bah!...

VALÉRIO.

L'épée à la main !...
Je veux avoir raison d'un discours qui m'outrage!...

ALCANDOR.

Que peste soit du sot!... — Quelle étonnante rage,
Et l'étrange faquin !...

VALÉRIO, tirant son épée.

En garde !...

ALCANDOR, tirant la sienne.

M'y voilà.

3

VALÉRIO, se fendant sur Alcandor.

Cette botte pour vous !...

ALCANDOR, ripostant.

Vous, parez celle-là !...

. . . .

Le combat s'engageait ainsi, de la façon la plus brillante, et, pendant quelques secondes, le dialogue se trouvait remplacé par une succession non interrompue de feintes, de ripostes, de coups droits, de contres, de quartes, de dégagements, etc., etc., enfin de tout l'appareil d'un duel véritable.

Les spectateurs se montrèrent étonnés d'abord.

Mais bientôt la nouveauté du spectacle les charma, et ils témoignèrent leur satisfaction par des bravos encore plus bruyants que ceux qu'ils avaient fait entendre jusqu'alors.

Clitandre, voyant ses prévisions justifiées, et enivré par son succès comme auteur et, comme acteur, était en proie à un véritable délire. En ce moment il oubliait tout pour ne songer qu'à son triomphe et à ces bravos qui retentissaient jusqu'au fond de son cœur.

Mais soudain il fut rappelé au sentiment de la réalité.

Il venait de s'apercevoir tout à coup que Denis changeait son jeu, et au lieu de continuer le duel d'une façon tout inoffensive, ainsi qu'il avait été réglé, attaquait vigoureusement et dans des intentions qui semblaient hostiles.

— Chevalier... chevalier... — murmura-t-il vivement et assez bas pour que sa voix se perdît dans le cliquetis des épées qui s'entre-choquaient, — chevalier, que faites-vous?...

Denis ne répondit point. Seulement, son front se plissa, ses dents se serrèrent, et il se fendit sur un coup droit qui, s'il avait atteint son adversaire, l'aurait traversé de part en part, et que Clitandre ne para qu'à grand'peine.

— Mon Dieu !... mon Dieu !... — reprit ce dernier, tremblant, non pour lui, mais pour sa comédie; — mon Dieu ! que faites-vous?... Voulez-vous me blesser?.., voulez-vous faire tomber la pièce?...

Denis continua à garder le silence, et un mauvais sourire se dessina sur ses lèvres.

Ce qu'il faisait, ce qu'il voulait? nous allons le savoir.

Au moment où il engageait le fer avec Clitandre, une idée lui était venue.

— Dans une heure, — s'était-il dit, — nos épées se croiseront comme en ce moment... mais ce ne sera plus un jeu!... Un jeu... et pourquoi donc un jeu? pourquoi attendre, quand l'occasion est si belle... quand, au lieu de la pâle lueur de la lune, une clarté étincelante nous inonde?... quand cinq cents témoins sont là, fixant sur nous leurs regards attentifs? Pourquoi ne pas changer le rire en épouvante et la pièce comique en tragédie sanglante?...

L'originalité d'une idée semblable devait saisir vivement un esprit aussi amoureux de tout ce qui était étrange, que l'était celui de notre personnage. Aussi son hésitation, si toutefois il en eut, fut de courte durée. Il prit une résolution extrême, et nous avons vu de quelle manière il commença à l'exécuter.

Clitandre, tout en se défendant de son mieux, ne cessait de répéter : — La pièce!... mon Dieu! la pièce!... vous voyez bien que vous allez compromettre!... Le combat n'a déjà duré que trop longtemps...

Disons en passant que Denis devait terminer le duel en se laissant désarmer et que c'était sur la réplique que les acteurs de la dernière scène devaient faire leur entrée.

— Eh! murmurait Denis en redoublant ses attaques et en multipliant les feintes, — que m'importe la pièce? Vous m'avez provoqué; nous nous battons : de quoi vous plaignez-vous?...

Cependant le public s'était aperçu du changement d'allure du combat, et il admirait, comme de raison, la prodigieuse vérité avec laquelle les deux acteurs jouaient leur rôle. Les femmes de la haute aristocratie de Joigny poussaient de petits cris de frayeur, comme les plus jolis du monde, et faisaient mine de s'évanouir d'émotion afin de motiver de charmantes poses penchées et sentimentales. Quelques jeunes roués, la fine fleur des pois de la ville, duellistes jusqu'aux dents et véritables dilettanti en matière de coups d'épée, se pâmaient d'enthousiasme et tré; ignaient à qui mieux mieux.

Bref, le succès prenait des proportions inouïes, comme disent aujourd'hui les réclames envoyées à tous les journaux par les administrations dramatiques.

Soudain, on entendit un cri terrible. L'épée de Valério venait de s'enfoncer jusqu'à la garde dans la poitrine d'Alcandor et ressortait sanglante entre les deux épaules.

Le malheureux Clitandre, atteint mortellement, poussa le cri rauque et désespéré de l'agonie. Il lâcha son épée et, pendant le quart d'une seconde, il battit l'air de ses bras, en cherchant autour de lui un point d'appui qu'il ne trouvait pas. Il chancela, par deux fois, en avant et en arrière, puis il tomba lourdement de toute sa hauteur sur son dos, déjà roidi, la bouche et les yeux entr'ouverts. Il était mort.

Cette foudroyante catastrophe produisit sur le théâtre un désordre subit et inouï. Tous les acteurs envahirent à la fois la scène, tandis qu'on baissait rapidement la toile, et que les spectateurs, convaincus qu'ils venaient d'assister à une magnifique création de l'art dramatique, faisaient crouler la salle sous leurs applaudissements. Personne ne se doutait encore, dans cette foule, que ces bravos retentissaient sur un cadavre.

Denis ne perdit pas un instant. Il profita de la confusion qui régnait autour de lui, pour s'esquiver entre deux coulisses et courir à la loge de Clitandre. Il s'empara du sac d'argent qu'il avait remarqué sur le coin d'une table, et qui contenait, comme nous savons, la recette tout entière. Il fit glisser le sac dans la poche de son habit, puis il se dirigea vers la sortie du théâtre.

Chemin faisant, il rencontra Cidalise.

L'actrice pleurait, elle semblait à moitié folle et s'arrachait les cheveux.

— Ah! chevalier !... — cria-t-elle avec un geste d'horreur, — chevalier!... qu'avez-vous fait!...

— Un malheur!... — répondit Denis avec une douleur hypocrite, — un irréparable malheur!... Je donnerais mon sang pour racheter celui qui vient de couler!... mais, hélas ! il est trop tard !

Puis il ajouta, à demi-voix : — Seulement, vous êtes la seule personne qui n'ayez pas le droit de vous plaindre de ce qui vient de se passer...

— Comment?... Que voulez-vous dire? — balbutia Cidalise.

— Je veux dire que l'unique cause du combat dans lequel Clitandre a succombé, c'est vous...

— Moi?...

— Vous-même.

— Et comment, comment?

— Clitandre savait tout.

— Est-ce possible?

— Je vous le jure.

— Oh! mon Dieu! et qui donc avait pu lui dire...?

— Je l'ignore... mais il savait tout, je vous le répète... il voulait se venger de vous et de moi... Il m'a provoqué avant le quatrième acte, et il a changé lui-même en un duel sérieux le combat simulé que nous devions avoir en scène. J'ai eu peur pour vous, Cidalise, et, tout en déplorant l'horrible situation qu'il m'était faite, j'ai dû me battre de mon mieux. C'est l'amour qui conduisait mon épée... si j'avais succombé, vous étiez perdue...

Cidalise regardait fixement Denis avec ses grands yeux noirs, que l'étonnement et la frayeur agrandissaient encore.

XII. — A PARIS.

— Mon Dieu ! — murmura la comédienne au bout d'un instant, — que vais-je devenir?...

— Partez avec moi... — répondit Denis.

— Vous partez donc?

— Il le faut bien. Qui sait si ce déplorable coup d'épée ne tournerait pas mal pour moi si je restais ici?...

— Partir avec vous !... — répéta Cidalise avec hésitation.

— Le voulez-vous?

— Mais comment vivre?...

— N'est-ce que cela qui vous inquiète... je suis riche...

— Vous?

— Voyez...

Et Denis tira de sa poche le sac d'argent qu'il avait pris dans la loge de Clitandre.

— D'où vient cela?... — demanda Cidalise.

— C'est la recette de ce soir...

— Comment se trouve-t-elle entre vos mains?...

— Elle s'y trouve, cela suffit; le reste serait trop long à vous expliquer.

— Mais nos camarades, que feront-ils sans cet argent?

— C'est leur affaire. Charité bien ordonnée commence par soi-même!... Pensons à nous d'abord...

— Où comptez-vous aller?...

— A Paris.

— Si je vous suivais, ne m'abandonneriez-vous pas?...

— Jamais!

— M'aimeriez-vous longtemps?

— Toujours!

— Eh bien, chevalier, me voilà décidée. Je pars...

— Hâtez-vous, alors, chère Cidalise, car nous n'avons pas un instant à perdre!...

— Le temps de m'envelopper dans une mante, et je suis à vous...

— Faites vite... Pour plus de prudence, je vais vous attendre dehors.

— Où vous retrouverai-je?

— A l'angle de la première rue à gauche.

— C'est convenu.

Denis se précipita dans l'escalier et quitta le théâtre sans encombre et sans avoir rencontré personne.

Tout le monde se pressait, sur la scène, autour du corps inanimé de Clitandre.

Au bout de deux ou trois minutes, le jeune homme vit s'approcher de lui, à travers l'obscurité, une femme dont le visage disparaissait presque entièrement sous le capuchon rabattu d'une mante de couleur sombre.

— Est-ce vous, Cidalise? — demanda-t-il.

— Oui, c'est moi...

Denis passa vivement sous son bras le bras de l'actrice et lui dit : — Venez.

— Où?

— A notre auberge, d'abord...

— A notre auberge... et pourquoi? Que voulez-vous y faire?...

— Prendre le cheval : nous ne pouvons partir à pied.

Cidalise suivit le jeune homme.

Le malheureux Clitandre, quelques heures auparavant, avait donné des billets de spectacle à la plupart des gens qui composaient le personnel de l'hôtellerie où logeaient les comédiens. La maison, au moment où Denis et Cidalise y arrivèrent, était donc confiée à la garde d'une vieille servante qui dormait dans un coin de la cuisine.

Denis courut à l'écurie.

A côté du vieux cheval maigre et poussif qui servait d'habitude à véhiculer la troupe nomade, se trouvait une jeune et belle jument grise, vigoureuse bête, dont l'encolure hardie, les épaules bien développées, les jambes sèches et les larges jarrets annonçaient une vigueur peu commune.

Denis jugea convenable de se tromper de bête sans hésitation. Il laissa le vieux cheval devant le râtelier, et il mit à la jument grise la première selle et la première bride qui se trouvèrent sous sa main. Il la conduisit ensuite dans la cour, s'élança sur son dos, souleva Cidalise qui s'assit en croupe derrière lui, et lui passa ses deux bras autour du corps; puis, faisant sentir les talons à sa monture, il la lança au galop sur la route de Paris.

Au bout de quatre jours d'un voyage sans incidents, les deux fugitifs arrivèrent dans la grande ville.

———

Denis Poulailler ne comprenait point qu'on vécût autrement qu'au jour le jour et sans se préoccuper de l'avenir.

Le sac de toile contenait un peu plus de cinq cents livres; le jeune homme vendit trois cents livres à la jument grise empruntée par lui dans l'hôtellerie de Joigny. Il se trouva donc à la tête d'une somme relativement importante.

Il loua, pour lui et pour Cidalise, un petit appartement meublé, et il se mit à mener avec sa compagne une vie joyeuse, insouciante et folle, courant les spectacles, les bals publics, enfin tous les lieux de plaisir qu'offrait Paris à de jeunes têtes et à une bourse rondelette.

Pauvre bourse!... elle ne tarda guère à s'amaigrir de la plus déplorable façon. Un beau matin, Denis, en y puisant, n'y trouva qu'un unique écu, lequel y faisait fort triste figure. Le jeune homme prit incontinent son parti.

— Ma chère amie, — dit-il à Cidalise, — armons-nous tous deux de courage... nous en avons besoin.

— Et pourquoi?...

— Le moment de nous séparer est venu...

Denis s'attendait à une explosion de cris et de pleurs aussitôt qu'il aurait prononcé ces paroles. Il n'en fut rien.

— Qui donc nous force à nous séparer si vite, chevalier?...—demanda Cidalise le plus tranquillement du monde.

— L'absolue nécessité de chercher des ressources, chacun de notre côté.

— Ainsi, il ne nous reste plus rien?

— Tout juste un petit écu.

— En effet, — dit Cidalise en souriant, — c'est bien peu.

Ce sourire surprit Denis à tel point, qu'il en demeura muet pendant quelques secondes.

Cidalise reprit : — Que comptez-vous faire, chevalier?...

— Je n'en sais encore absolument rien; et vous?

— Moi, je vous avouerai que je n'en ai point la moindre idée.

— Vous pourriez, ce me semble, utiliser votre talent dramatique et reprendre un engagement dans quelque troupe comique...

— Cela ou autre chose, mon cher chevalier; je me tirerai d'affaire, n'en soyez point en peine.

— Comme vous semblez sûre de votre fait, Cidalise!...

— Aimeriez-vous mieux, chevalier, me voir désespérer de l'avenir?...

— Non, certes!... mais vous me paraissez prendre bien philosophiquement votre parti d'une séparation...

— Que vous m'avez annoncée si gaillardement!... — interrompit Cidalise en riant; — quoi d'étonnant à cela, chevalier?...

— Dans tous les cas, — reprit Denis en se mordant les lèvres, — autant que cela dépendra de moi, je ne vous laisserai pas dans l'embarras... Gardez pour vous notre dernier écu...

Cidalise fit une révérence ironique.

— Ah! chevalier!... quelle générosité! — s'écria-t-elle, — et comme je vais faire dans Paris une brillante figure avec ce pauvre écu!...

— Vous savez bien que je ne puis vous laisser davantage, puisque je ne possède que cela!... — répliqua Denis tout à fait piqué.

— Aussi, mon pauvre ami, n'est-ce point un reproche que je prétends vous adresser... seulement, je vous affirme que cet argent m'est complètement inutile... vous en aurez plus besoin que moi... gardez-le donc...

— Non, certes, je n'en ferai rien!...

— Je vous en prie...

— Dix fois non!

— Je le veux!

— Et moi, je ne le veux pas!

— Ah çà! chevalier, quelle mouche vous pique?...

— Et vous, de quel droit prétendez-vous vous donner des airs de me faire l'aumône?...

— Merci du mot!... Vous aviez donc l'intention de me la faire, vous, tout à l'heure?...

— Oh! moi, c'était bien différent!

— Je ne vois pas trop en quoi...

— Si vous ne le voyez pas, c'est que vous avez l'esprit mal fait.

— C'est possible... mais enfin, puisque nous nous séparons, séparons-nous bons amis, et ne me refusez pas la dernière chose que je vous demande...

— Et c'est?...

— C'est de garder ce petit écu...

Denis, irrité et blessé, prit la pièce d'argent et la jeta dans la rue à travers un carreau qu'il brisa.

— Nous ne l'aurons donc ni l'un ni l'autre!... — cria-t-il avec colère. — Bonne chance, madame!

Et il sortit, entendant derrière lui le bruit des éclats de rire de Cidalise, qui l'aiguillonnaient comme des coups d'éperon.

Nous ne saurions affirmer que la jeune femme fût réellement aussi sûre de son fait qu'elle paraissait l'être dans l'entretien que nous venons de rapporter.

Toujours est-il que, deux heures après le départ de Denis, elle avait quitté le petit logement meublé, et que, dès le lendemain, on pouvait la rencontrer, splendidement vêtue et paradant sur les coussins d'un carrosse assez luxueux pour lutter sans désavantage avec les équipages éblouissants des mieux en vogue de ces demoiselles de l'Opéra.

Peut-être quelques-unes de nos lecteurs trouveront-ils cette soudaine fortune impossible, ou, tout au moins, invraisemblable. Nous ne saurions les éclairer absolument; mais voici un fait qui les aidera sans doute à comprendre ce qui les étonne. Les deux fenêtres du petit logis de Cidalise et de Denis donnaient précisément en face de l'hôtel du fermier général Bouvard, sorte de Turcaret dix fois millionnaire, dont on citait beaucoup, dans un certain monde, les galantes prodigalités.

La clef de l'énigme ne serait-elle pas là ?

Nous retrouverons un jour Cidalise.

Rejoignons, s'il vous plaît, Denis, ou, si vous l'aimez mieux, le chevalier Denis de Poulailler!

Après le saut qui précède, il s'éloigna rapidement et de fort méchante humeur.

Il allait, le poing sur la hanche, tortillant de la main droite sa moustache absente, la mine farouche, coudoyant les passants à droite et à gauche, les regardant impertinemment, et, en somme, fort désireux de rencontrer une querelle et de pouvoir passer sur quelqu'un son irritation intérieure. Mais, par le plus grand hasard du monde, tous les passants se trouvèrent, ce jour-là, d'une humeur pacifique, et personne ne releva les muettes provocations de notre héros.

XIII. — LA PINTADE.

Après avoir laissé s'évaporer sa colère pendant trois ou quatre heures dans cette promenade solitaire et furibonde, Denis se trouva calmé. Mais, à mesure que son irritation se dissipait, il sentait renaître son appétit, qui, bientôt, se métamorphosa en une faim dévorante.

Or, nous savons déjà que notre héros n'avait pas un sou, et précisément ce jour-là son imagination si fertile en expédients ne lui suggérait aucun moyen de se procurer gratuitement un bon repas. D'ailleurs Denis était né pour les grandes entreprises et non pas pour les petites fourberies. Il y avait en lui l'étoffe d'un chef de bandits, mais nullement celle d'un escroc vulgaire.

Cependant le temps marchait, et la faim redoublait ses attaques. Denis regrettait amèrement d'avoir cédé à un sot mouvement d'orgueil en refusant ce petit écu que pouvait lui procurer toutes les délices de la terre dans toutes les rôtisseries de la rue Saint-Honoré.

Mais rien au monde n'est superflu et peu nourrissant comme des regrets trop tardivement formulés.

— Qui sait ! — pensa tout à coup Denis, — peut-être que je le retrouverai dans la rue, ce malheureux écu que j'ai si sottement jeté par la fenêtre.

Le jeune homme était en ce moment à une bonne lieue et demie, tout au moins, de son ancien logis, ce qui ne l'empêcha point, soutenu par la lueur d'espérance qui venait de se manifester à lui, de se diriger de ce côté d'un pas rapide et résolu.

Il arriva dans sa rue en face de la maison qu'il avait habitée. Il s'orienta, d'après la position du carreau cassé, il explora le ruisseau bourbeux, il fouilla, avec le bout du fourreau de son épée, dans les interstices de tous les pavés.

Mais, hélas! cette recherche ne produisit aucun résultat. Sans doute un passant plus heureux avait mis la main sur la pièce d'argent qu'il ne cherchait pas!

Denis, désappointé et découragé, se remit en marche sans savoir où il allait.

Les hasards de sa course errante le conduisirent au milieu des tréteaux et des échafaudages des saltimbanques de toute sorte qui encombraient les boulevards neufs.

Il passa distraitement devant les enfants géants et les vieillards nains, devant la femme à deux têtes et la vache à six jambes.

Les astrologues en plein vent et les diseuses de bonne aventure tentèrent inutilement de l'arrêter, non point qu'il dédaignât leurs oracles, il était incrédule mais superstitieux; mais parce qu'il n'avait pas le moyen de les payer.

Soudain une double sensation lui fit ouvrir involontairement les oreilles et lever les yeux. Il entendait une musique militaire pleine d'entrain, d'éclat et de tapage belliqueux, et il sentait la provocante odeur d'une foule de rôtis cuits à point, parfum exquis et bien propre à chatouiller délicieusement les narines d'un homme affamé.

Denis fit halte et regarda devant lui pour voir d'où provenait cette musique et d'où s'échappaient ces aromes embaumés. Il se trouvait en face d'une grande tente, ornée de drapeaux, de trophées d'armes et d'autres insignes guerriers.

Un rideau à demi soulevé laissait apercevoir dans l'intérieur de cette tente une vingtaine de petites tables, où trinquaient de joyeux gaillards, servis par de grosses Flamandes à la mine accorte et à l'allure un peu débraillée.

A gauche, deux marmitons faisaient tourner devant un grand feu une demi-douzaine de broches garnies d'oies, de dindons, de lapereaux, de gigots et de pièces de bœuf.

A droite, un échanson à veste blanche remplissait de grands brocs d'un vin clairet, qu'il tirait à même un tonneau fraîchement mis en perce.

Enfin, au milieu, et formant le centre d'un tableau dont la bizarrerie et l'originalité n'ont pas d'équivalent aujourd'hui, se trouvait une estrade garnie de tambours et de musiciens richement vêtus.

Au premier plan se voyait un homme de grande taille, à la trogne bourgeonnée, aux longues moustaches retroussées en crocs, à la mine insolente et sournoise.

Ce personnage s'appuyait sur une haute canne à pommeau d'argent et portait l'uniforme de sous-officier au régiment de Champagne, commandé par le comte Variclères.

C'était un sergent recruteur.

Nous savons tous d'ailleurs ce que nous pensions de l'infâme industrie du racolage et de la moralité des hommes qui faisaient profession d'enlever à leurs familles de malheureux jeunes gens dont ils abusaient la crédulité par de fallacieuses promesses. Nous avons dit que, souvent même, la violence intervenait quand la séduction semblait insuffisante, que les paroles dorées se trouvaient remplacées, sans transition, par des menaces.

Nous sommes entré à ce sujet dans de longs détails sur lesquels nous n'osons point revenir aujourd'hui.

Nous allons donc passer outre sans autres explications préliminaires.

Le sergent racoleur qui nous occupe en ce moment s'appelait La Pintade.

C'était un des matadors du métier, et il se piquait, non sans raison, d'amener à lui tout seul, à l'armée royale, un contingent plus important et mieux choisi que ne le pouvaient faire à eux tous dix autres de ses collègues.

Donc, nous le répétons, tandis que la musique jouait à grand fracas une marche guerrière, La Pintade, debout sur le milieu de l'estrade et en avant de ses instrumentistes, tantôt gesticulait vivement, tantôt s'appuyait d'un air majestueux sur sa grande canne à pommeau d'argent.

Denis restait debout, en face de l'estrade, écoutant la musique et se régalant par les yeux et par l'odorat de la vue et de l'odeur des rôtis.

Non loin de lui, une demi-douzaine de pauvres diables, mal vêtus, mal en chair et d'une apparence famélique, s'absorbaient dans une contemplation non moins fervente.

A l'instar de nous ne savons plus quel personnage de Rabelais, tous ces affamés devaient faire maigrir les gigots et les dindons en les regardant.

Le racoleur s'apercevant sans peine qu'un fretin suffisant se trouvait rassemblé à l'entrée de ses nasses, fit avec sa canne un geste de tambour-major.

L'orchestre se tut aussitôt et La Pintade prit la parole.

Dans un discours que nous ne rapporterons pas, mais qui se distinguait par un tour emphatique et bouffon et par une verve gasconne, le sergent offrit à ses auditeurs un tableau miroitant des mille et une félicités que leur promettait la vie militaire, s'ils se décidaient à revêtir l'uniforme. Selon lui, chacun d'eux devait infailliblement réunir aux *lauriers de Mars et de Bellone* les *myrtes de Cythère* et les *joyeuses coupes de Bacchus.*

A l'en croire, la vie des camps n'était qu'une succession non interrompue de plaisirs les plus vifs, variés seulement par quelques intermèdes glorieux.

A titre de prime et comme premier encouragement, il offrait aux futurs héros, en échange de leur signature au bas d'un parchemin timbré du sceau royal, un excellent repas, du vin à discrétion et une poignée de petits écus.

Deux ou trois des gens à mine famélique succombèrent aux tentations de l'appétit surexcité et entrèrent dans la tente où ils allaient abdiquer leur liberté.

La Pintade suivait de l'œil avec une certaine complaisance ces pauvres diables qui donnaient tête baissée dans le traquenard, quand, soudain, il aperçut Denis.

A la vue de ce beau jeune homme, dont la mine était si fière, quoique son visage fût un peu pâle, et qui portait déjà l'épée au côté, le racoleur fit un mouvement semblable à celui d'un pêcheur à la ligne qui, au lieu d'un goujon modeste, voit un brochet superbe frétiller autour de son hameçon. La Pintade descendit de son estrade et vint droit à Denis, duquel il saisit la main, qu'il secoua énergiquement en s'écriant d'un air ravi : — Ah! sacredieu! mon jeune ami, sacredieu!... je suis bien aise de vous voir!... oui, ma foi, j'en suis bien aise, foi de La Pintade!... ou que le diable m'emporte!...

— Est-ce que vous me connaissez, sergent?... — demanda Denis fort étonné de cette chaleur.

— Eh! non, mordieu!... je ne vous connais pas!... mais je désire vivement faire votre connaissance... — vous avez une physionomie qui me revient tout à fait.

— Ma foi, sergent, — répliqua Denis, — j'en puis dire autant de la vôtre...

— Eh donc!... voyez un peu comme ça se trouve!... Nous sommes faits pour nous entendre!... Accepteriez-vous une légère collation, mon jeune ami, avec deux doigts de vin clairet?...

— Mais pourquoi donc pas? — répondit notre héros qui se disait que bien évidemment le diable venait à son aide.

— A la bonne heure! .. vous êtes un gaillard comme je les aime!... Je parie que vous ne boudez pas à table?

— Et vous avez gagné votre pari, je vous en réponds!...

— Ah! mordieu! — s'écria La Pintade avec enthousiasme, — quel joli garçon vous faites!... vrai, j'aurai du plaisir à porter votre santé... Entrons.

Denis ne se fit point prier, et suivit le racoleur qui l'introduisit sous la tente, et qui le fit asseoir en face d'une table recouverte d'une nappe bien blanche et supportant deux couverts.

— Hé! Jeanneton, Fanchon, Margoton! — cria La Pintade en frappant de son poing fermé sur cette petite table. — Hé! mes grosses dondons, arrivez donc, et servez-nous quéqu'chose de bon !... la faridondaine, la faridondon!...

Une des joyeuses Flamandes accourut, et souriant au racoleur, qui lui prit la taille avec une galanterie soldatesque, elle s'empressa d'apporter une oie rôtie et deux brocs remplis de vin, lesquels pouvaient contenir chacun la valeur d'environ deux litres.

La Pintade, en entrant, avait dit quelques mots à l'un de ses acolytes, recruteur en sous-ordre qui venait de s'asseoir à la même table que les pauvres diables à figures maigres et pâles.

Quant à Denis, le racoleur le considérait comme une capture d'un ordre trop élevé pour agir avec lui de la même façon qu'avec la plèbe.

Mais les chemins qu'il comptait suivre pour arriver à son but n'en étaient pas moins sûrs, quoique plus détournés.

La Pintade prit un des brocs et remplit les deux verres, puis il éleva le sien à la hauteur de son œil, de façon à ce qu'un rayon de lumière vint frapper sur le vin et le fit étinceler.

— Ah! — s'écria-t-il ensuite, —belle couleur et noble liqueur!... Cela me plait à voir comme l'écarlate d'un uniforme, comme le sang d'un brave, comme la joue rouge d'une belle fille!... Faites-moi raison, mon camarade!...

XIV. — SOLDAT DU ROI!

Denis vida son verre d'un seul trait; il le replaça sur la table après avoir salué La Pintade.

— Mordieu! — s'écria ce dernier, — je veux être pendu, mon jeune ami, si je mens!... parole d'honneur, vous avez toutes les façons d'un gentilhomme!...

— Eh! — répliqua Denis faisant le geste de retrousser sa moustache absente, — quoi d'étonnant à cela?...

— Est-ce que, par hasard, vous seriez un fils de famille?...

— Je suis un cadet de grande maison...

— Bah!

— Le chevalier Jean-Denis de Poulailler...

— Ah! fichtre!...

— Ainsi que vous pouvez le remarquer, le nom que je porte est historique.

— Vertu de ma vie!... je le crois bien! Qui donc n'a point entendu parler des Poulailler?... J'espère que vous conviendrez volontiers que je me connais en hommes... je vous avais deviné du premier coup d'œil.

— C'est vrai.

— Maintenant, chevalier, je vous prie de croire que, moi non plus, je n'ai pas été trouvé sous un chou... De par tous les diables! mon père était noble comme un Castillan et je me nomme Agénor-Polyphème-Hercule de La Pintade... je veux même devenir manchot et perdre l'œil gauche si je ne crois pas me souvenir qu'il y a eu, jadis, plusieurs alliances honorables entre la maison de Poulailler et celle de La Pintade...

— La chose est, ma foi, bien possible, — répondit notre héros avec le plus grand sérieux.

— Dans ce cas, nous serions cousins...

— C'est une parenté dont je suis fier.

La Pintade remplit les verres.

— Mon cousin, — dit-il, — à votre santé.

— A la vôtre, mon cousin, — répliqua Denis.

Les gobelets se choquèrent et furent vidés aussitôt que remplis.

Le recruteur reprit ensuite : — Peut-être, mon cousin, vous étonnez-vous de me rencontrer dans une position qui peut vous sembler modeste?...

— Nullement, — interrompit Denis.

— Pardon! — poursuivit La Pintade, — elle peut et doit vous sembler modeste, comparativement à celle que ma naissance et mon faible mérite personnel me donneraient le droit d'occuper; mais, d'abord, la livrée du roi est toujours honorable, et puis, la force de mon patriotisme me fait trouver un bonheur infini à procurer à ma belle-patrie de nombreux défenseurs... D'ailleurs, j'aime le plaisir et la vie joyeuse, et je vous assure que la mienne ferait envie à plus d'un mestre de camp!...

— Je le crois, — répliqua Denis.

— J'ai la confiance de mon colonel, le comte de Variclères; je puise dans la caisse du régiment comme dans la mienne, et le repas que nous faisons en ce moment est mon plus médiocre ordinaire.

— Ah! fichtre! — s'écria Denis à son tour.

— Maintenant, chevalier, —reprit La Pintade, —vous devez me regarder comme votre parent et comme votre meilleur ami... Donnez-moi donc quelques détails sur vous-même et sur votre position actuelle. Ces détails seront pour moi du plus vif intérêt.

— Très-volontiers, — répliqua notre héros.

Et il raconta au racoleur ce même petit roman qui lui avait déjà si bien servi lors de sa rencontre avec les comédiens ambulants.

— Noble fierté! — dit La Pintade avec enthousiasme, après que Denis lui eut affirmé qu'il aimerait mieux mourir de faim que d'avoir recours à un père *tyrannique et barbare*. — Faire de vous un petit abbé!... allons donc!... Ce brave marquis de Poulailler a complètement perdu la tête!...

— Hélas!... — répliqua tristement Denis, — on m'a sacrifié à mes aînés...

— C'est comme moi!... tout comme moi!... Feu le comte de La Pintade n'aimait que son fils aîné, le vicomte Polynice! Allons, chevalier, buvons à la santé des cadets...

Denis fit raison au recruteur, qui dit ensuite reprit :

— Nous avons parlé beaucoup du passé, chevalier; parlons un peu de l'avenir.

— Je ne demande pas mieux.

— Y pensez-vous quelquefois?...

— Oh! souvent.

— Et, penchez-vous vers un parti plutôt que vers un autre?...

— Ma foi, non, je flotte.

— C'est un tort.

— Vous croyez?...

— J'en suis sûr. Quand on s'appelle Poulailler, on ne doit suivre qu'une carrière...

— Laquelle?...

— Celle des armes.

— C'est aussi ce que je me suis dit souvent.

— Vous voyez!...

— Mais...

— Ah! il y a un *mais?*

— Sans doute.

— Eh bien, voyons ce *mais.*

— Je n'ai pas d'argent pour acheter une compagnie, et je trouverais fort peu séduisant d'entrer au service comme simple soldat.

— N'est-ce que cela?...

— Il me semble que c'est bien assez.

— Heu!... heu!

— Ne trouvez-vous donc pas que j'ai raison?

— Oui et non.

— Comment l'entendez-vous?

— En thèse générale, vous avez incontestablement raison, mille diables!... et que je sois pendu si je ne pense pas comme vous; mais il peut se présenter des cas exceptionnels, celui, par exemple, dans lequel vous vous trouvez, rencontrant en moi l'homme de confiance, le bras droit de mon colonel et, qui plus est, votre parent, votre serviteur dévoué... Quoi de plus facile, s'il vous convenait d'entrer dans le régiment de Champagne, que de vous pousser rapidement au grade de sergent et de vous faire avoir ensuite l'épaulette de sous-lieutenant, à moins encore que vous ne préfériez devenir ce que je suis et mener joyeuse vie comme moi.

— Franchement, — répliqua Denis, — cela m'irait assez de passer ma vie en festins et de puiser à mon gré dans la caisse du régiment.

— Bravo! cousin!... bravo! je vous vois déjà mon émule dans la glorieuse carrière du racolage! Voyons, êtes-vous décidé?

— Oui.

— A merveille!

— Que faut-il faire?

— Signer un engagement, j'en ai là de tout prêts.

— Mais... — reprit Denis, non sans un certain embarras, — ne donnez-vous pas, d'habitude, une somme d'argent en échange de chaque engagement?

— Sans doute... Est-ce que par hasard vous tiendriez à palper quelques espèces?

— Je vous avouerai que cela ne me déplairait aucunement.

— Oh! mille diables!... pourquoi donc ne le disiez-vous point? Cela ne fait pas un pli!... Combien voulez-vous?

— Dame! combien avez-vous l'habitude de donner?

— Oh! peu de chose, cousin... fort peu de chose... Vous voyez là-bas ces gaillards qui viennent de signer et qui, de leurs longues dents affamées, dévorent jusqu'à l'os un énorme gigot... je les aurai pour cinq ou six écus, huit au plus, et quand on les aura convenablement refaits et engraissés avec du repos et de la bonne nourriture, ce seront des soldats très-suffisants.

— Et à moi, — murmura Denis, — combien m'offririez-vous?

— A vous, cousin, c'est une autre affaire... vous sentez bien qu'on ne marchande pas avec un gentilhomme de bonne famille dont on a l'honneur d'être le parent... Je vous donnerai vingt-cinq écus, un prix fabuleux qui n'a jamais été offert à personne depuis que le monde existe!

Denis fit la moue.

— Vingt-cinq écus! — dit-il, — c'est trop peu de chose.

— Une somme énorme!

— Je la refuse.

— Eh bien, mettons-en trente, quoique réellement je ne sache pas comment mon colonel acceptera de semblables prodigalités.

— Quarante écus ou rien de fait, — répliqua Denis.

La Pintade poussa les hauts cris. Il affirma que les prétentions et les exigences de son cousin étaient tellement exagérées, qu'il lui était absolument impossible d'y souscrire. Puis, comme on pouvait facilement le prévoir, Denis s'obstinant dans sa demande, le racoleur céda.

Le jeune homme apposa au bas du parchemin la signature qui le faisait soldat du roi. Il empocha les quarante écus, et, tranquille désormais sur l'avenir, puisque c'était maintenant à Sa Majesté de pourvoir à son logis, à sa nourriture et à ses vêtements, il continua de vider rasades sur rasades avec son prétendu cousin, jusqu'à ce que tous les deux fussent complétement gris, ce qui n'arriva guère que le soir. Alors ils s'endormirent en face l'un de l'autre le visage sur la table.

Le lendemain, en se réveillant, Denis se rappela ce qui s'était passé la veille; mais, par un hasard tout à fait exceptionnel en pareille circonstance, ce souvenir n'éveilla en lui aucun regret. Si la chose s'était trouvée à refaire, il eût été prêt à recommencer.

— Çà, déjeunons, — dit La Pintade en ouvrant les yeux.

Ce furent là ses premières paroles.

Puis, selon son habitude quotidienne, il fit servir, pour Denis et pour lui, un déjeuner des plus copieux.

Denis, fatigué de la longue orgie de la soirée précédente et souffrant encore de l'abus qu'il avait fait du vin et des liqueurs, ne put tenir tête à La Pintade que d'une façon plus que médiocre.

— Ah! sacredieu!... mille millions de diables! mort de ma vie! — s'écria ce dernier, — si tu ne bois pas mieux que cela, petit, je vais croire que tu n'es pas un homme, mais une femmelette déguisée... je vais croire que tu m'as induit en erreur pour notre parenté comme pour le reste, et je te ferai restituer les quarante écus, que je ne t'ai donnés qu'à cause du cousinage.

Quoique Denis ne pût prendre cette menace au sérieux et que, par conséquent, il ne s'en inquiétât pas beaucoup, il s'efforça de manger sans avoir faim et de boire sans avoir soif, et il se réhabilita ainsi quelque peu dans l'esprit du racoleur. Ce dernier lui témoigna même sa satisfaction renaissante en lui disant: — Allons, allons, je vois qu'il ne te manque qu'un peu d'habitude, et qu'avec le temps tu deviendras un joli garçon le verre à la main; je te reconnais de nouveau pour mon cousin!

Denis s'informa de l'endroit où se trouvait le régiment dont il faisait désormais partie.

La Pintade lui répondit que Royal-Champagne tenait pour le moment garnison à Strasbourg.

Denis aimait à voyager, il ne s'effraya donc point de la perspective de traverser une partie de la France.

Deux jours après, sous la conduite d'un bas officier, il se mettait en route pour sa garnison avec quelques autres recrues.

XV. — LA JONQUILLE ET MADELON.

Denis Poulailler, malgré sa jeunesse, avait un tact trop sûr et un esprit trop fin pour ajouter une foi aveugle aux belles promesses du sergent La Pintade.

Il connaissait assez le monde pour savoir qu'un racoleur, quelle que fût son habileté dans son métier, ne pouvait avoir aucune influence sur un personnage comme le colonel comte de Variclères, et, quant à la prétendue noblesse de La Pintade, il en faisait dans son for intérieur aussi bon marché que de la sienne.

Il n'éprouva donc aucune désillusion lorsque, en arrivant au régiment, il se vit mettre sur un pied de parfaite égalité avec ses autres compagnons d'armes, les simples soldats.

Denis en prit son parti sur-le-champ et si, par instants, il en ressentait un peu de dépit, il s'en consolait facilement en régalant quelques camarades avec ses quarante écus.

Chose étrange! Denis Poulailler avait en lui l'étoffe d'un bon soldat. Cet indisciplinable caractère se pliait sans trop de peine à la discipline militaire. Pendant un an, les chefs du jeune homme furent parfaitement contents de lui, et comme il était de beaucoup supérieur par l'instruction et par l'intelligence aux autres soldats du régiment de Champagne, il était déjà question de lui donner des galons.

Peut-être, dans ce cas, Denis aurait-il pu fournir honorablement le cours d'une carrière honorable et même brillante; mais le ciel, ou plutôt le diable, en avait décidé autrement.

Parmi les cantinières de Royal-Champagne, il s'en trouvait une du nom de Madelon. Madelon avait vingt ans, et c'était une fort belle fille, grande et brune, avec des yeux noirs dont plus d'une duchesse aurait envié l'éclat, une taille souple et dégagée, une grâce vigoureuse et piquante. Madelon possédait de grands cheveux d'une teinte fauve, un teint blanc et rosé sur lequel le hâle ne parvenait pas même à mettre une tache de rousseur, une petite main, une jambe fine et un pied mignon.

Le charmant costume, mi-parti masculin et mi-parti féminin de la cantinière, son petit chapeau lampion incliné cavalièrement vers l'oreille droite, son barillet doré suspendu sur son épaule droite par une bandoulière aux couleurs du régiment, tout cela faisait de la jolie fille une créature originale et fort attrayante.

Ajoutons à ceci que Madelon ne manquait point d'un peu d'esprit, assaisonné de beaucoup de gros sel, qu'elle était très-coquette, qu'elle avait la repartie vive, l'humeur joyeuse, et qu'un rire presque continuel faisait éclater entre ses lèvres de corail les deux rangées de perles fines qui lui tenaient lieu de dents. Ainsi faite, la cantinière, on le devine, ne pouvait manquer d'amoureux.

Les trois quarts, au moins, des soldats de Royal-Champagne soupiraient donc pour elle.

Les officiers ne dédaignaient point de lui faire la cour, et, un jour de revue, le comte de Variclères lui-même, venu par hasard à son régiment, lui avait pris le menton en lui disant: — Peste, ma belle fille!... vous êtes un morceau de roi !... Ne venez point à Versailles, car vous y rendriez jalouses toutes ces dames de la cour !...

Madelon écoutait toutes les déclarations, prenait note de tous les soupirs, encourageait tous les amoureux, mais ne favorisait personne.

Bref, la cantinière était sage, ce qui peut paraître invraisemblable, mais ce qui ne laisse pas d'être vrai.

Peu à peu les galants en uniforme, bien assurés que la vertu de Madelon était une place forte dont on ne pouvait s'emparer ni par surprise ni par escalade, se retirèrent les uns après les autres et tournèrent leurs amoureux soupirs d'un autre côté.

De cette cour nombreuse il ne resta que deux obstinés, plus épris ou plus entêtés que les autres.

C'étaient Denis Poulailler et le sergent-major La Jonquille.

Ce dernier nourrissait la ferme conviction qu'il était le plus bel homme du régiment et peut-être de France. Il avait près de six pieds et la carrure et la force d'un hercule forain. Ses bras étaient aussi gros que les cuisses d'un homme de taille moyenne. Il montrait avec orgueil des mains larges comme des épaules de mouton, et des poignets qui, lorsqu'ils étaient fermés, ressemblaient à des massues. Il affirmait avoir tué un bœuf d'un seul coup de poing appliqué entre les cornes, et la chose se trouvait vraie. Ses moustaches étaient si longues qu'il s'amusait parfois, par manière de passe-temps et de plaisanterie, à les nouer autour de son cou.

Tel était le rival de Denis, rival redoutable, s'il fallait en croire les nombreuses Arianes qu'il avait laissées derrière lui dans chaque ville où Royal-Champagne avait tenu garnison.

Quelques camarades de notre héros l'engageaient vivement à céder la place à ce géant qui, disaient-ils, l'avalerait d'une bouchée. Mais Denis ne faisait qu'en rire, et il répondait :

— Pardieu ! qu'il cherche à m'avaler si ça l'amuse, je vous réponds bien que je me mettrai en travers et que je lui serai d'une digestion difficile !

Cependant le sergent-major s'étonnait et s'irritait fort d'une rivalité qui ne laissait pas d'être gênante. Denis lui semblait désormais le seul obstacle à son prochain bonheur. Que le jeune homme se retirât, et La Jonquille, se trouvant seul sur les rangs, serait nécessairement le préféré de Madelon.

Rien ne lui semblait plus facile que de pulvériser Denis ; mais il résolut d'agir d'abord avec une certaine modération.

Un jour donc que notre héros se croisait dans la cour de la caserne avec le sergent major, ce dernier l'appela :

— Hé ! pétit ! pétit ! — lui cria-t-il avec un accent gascon très-prononcé (La Jonquille était né aux bords de la Garonne), — hé ! pétit, avancé donc un peu par ici... jé veux té couler deux ou trois mots dans lé tuyau dé l'oreille...

— Présent, mon sergent, — répliqua Denis en s'approchant d'un air narquois et en faisant le salut militaire, — qu'y a-t-il pour votre service ?...

— Veux-tu qué jé té donné uné bonne avisse ?

— Un bon avis, sergent ?

— Oui.

— Je n'y tiens pas ; cependant, si ça vous oblige, je ne vous contrarierai point en refusant...

— Il mé semble, pétit, qué jé té vois tourner plus souvent qu'à ton tour aux environs dé Madélon, pour la chose dé l'amour...

— Évidemment, sergent, si j'y tourne comme vous dites, ce n'est pas pour affaire de service.

— Il faut qué jé té fasse à savoir qué céla né mé convient point, pétit.

— A vous, sergent ?

— Oui, à moi, à moi, La Jonquille.

Et le sergent-major retroussa sa gigantesque moustache.

— Y a-t-il une consigne ? — demanda Denis avec le plus beau sérieux.

— Il y a cellé qué jé té donne.

— De la part du lieutenant ?

— Non, pétit, dé la mienne personnellément.

— Ah çà ! sergent, qu'est-ce que ça peut donc vous faire, à vous, que je tourne autour de Madelon (toujours comme vous dites) ?

— Ça mé fait... ça mé fait... qué nous éprouvons l'un pour l'autre, Madélon et moi, quélqué chose dé mutuel... nous brûlons d'une même flamme, et tu mé taquines en intervenant...

— Ah çà ! sergent, qu'est-ce que ça peut donc me faire, à moi, que je vous taquine ?

— Pétit, n'oublie pas qué tu mé dois lé respect, l'obéissance et la subordination !

— Dans l'exercice de vos fonctions, oui, sergent, mais, quant à ce qui regarde Madelon et votre flamme, c'est autre chose, et puisqu'il n'y a pas de consigne, je ne vous dois rien du tout.

— Prends bien garde, pétit, qué tu vas mé mettre en colère !...

— Je ne me reconnais pas le droit de vous en empêcher, sergent.

— Jé mé modère, mais jé té préviens, pétit, qué si tu né tiens pas compte dé cé qué jé viens dé té dire, il t'arrivera quélqué chose...

— Quoi donc, sergent ?...

— Jé té démolirai, tout bonnement.

— Voyez-vous ça !...

— Mon Dieu, oui, et même, qué si tu n'as pas eu lé soin dé bien numéroter tes os, tu né pourras jamais les retrouver pour les rémettre en place...

— Ah ! pardieu ! — répondit Denis en riant, — je ne suis pas fort curieux de mon naturel, mais j'avoue que je voudrais bien voir cela...

— Tu lé verras, pétit !... tu né lé verras peut-être même qué trop tôt !...

Et, après avoir ainsi parlé, le sergent-major continua sa route, convaincu qu'il laissait Denis complètement écrasé sous le poids de ses menaçantes paroles.

Denis, lui, ricanait de tout son cœur.

Le fait est que La Jonquille avait grandement raison de se préoccuper de la rivalité de notre héros.

Depuis quelques jours le jeune soldat faisait de gigantesques progrès dans la tendresse de la jolie cantinière.

Il se sentait parfaitement convaincu que l'heure du berger ne tarderait plus beaucoup à sonner pour lui, et ce triomphe dont il était sûr l'enorgueillissait par avance et outre mesure. Cependant Madelon, par la raison même qu'elle commençait à aimer Denis, se conformait à l'éternelle politique des femmes en matière de sentiment, et traitait d'autant moins bien en public son préféré, qu'elle se sentait plus disposée à le favoriser en particulier.

En revanche, les actions de La Jonquille semblaient avoir haussé subitement, et c'était pour lui que Madelon réservait ses plus gracieuses minauderies, ses plus charmants sourires.

Mais à quoi se fier ? A la bourse de l'amour, comme à celle des agents de change et des courtiers marrons, tout n'est-il pas valeur fictive, mensonge et fourberie ?

La Jonquille, lui, tout gonflé de son mérite, prenait pour argent comptant les railleuses faveurs de Madelon, et se persuadait que Denis allait abaisser pavillon devant lui.

Quelques jours se passèrent ainsi.

On était au commencement du mois de mai.

Une après-midi, La Jonquille rentra à la caserne, portant une superbe rose qu'il tenait délicatement du bout de ses gros doigts. Il chercha partout Madelon et, l'ayant trouvée, il lui offrit la fleur, accompagnée d'un madrigal soldatesque. Madelon prit la rose et la mit à son corsage.

Denis avait tout vu du coin de l'œil.

XVI. — HISTOIRE VÉRIDIQUE ET COMIQUE D'UN SERGENT-MAJOR, D'UNE CANTINIÈRE ET D'UNE ROSE

Le soir de ce même jour, une douzaine de soldats de la compagnie de Denis se trouvaient réunis dans la chambrée. Le jeune homme pérorait, et de bruyants éclats de rire succédaient à chacune de ses paroles. La Jonquille, qui suivait l'un des corridors de la caserne pour se rendre à son logement, passait en ce moment devant la porte de cette chambre où se manifestait une gaieté si vive.

— Eh donc ! mes fils, — demanda-t-il, — d'où vient qué vous voilà si joyeux qué céla ?

Un profond silence s'établit aussitôt.

Denis fit le salut militaire et répondit : — C'est que je racontais une histoire aux camarades, mon sergent.

— Une histoire, pétit, et laquelle ? Né peut-on point la connaître ?

— Une belle histoire, sergent, et qui les amusait beaucoup, comme vous avez pu voir tout à l'heure ; mais elle était presque finie.

— Eh bien ! pétit, récommencé-la.

— C'est qu'elle est un peu longue, sergent.

— Ça n'y fait rien.

— Et puis, peut-être qu'elle ne vous amusera pas du tout, vous.

— Allons, petit, allons, dépêchons.

— Vous y tenez, sergent?

— Beaucoup.

— Si ça vous ennuie, ensuite, vous ne vous en prendrez qu'à vous?

— Eh oui!... eh oui! va donc!...

— Je commence.

— A la bonne heure!

— Il faut d'abord vous dire le titre de mon histoire, sergent.

— C'est juste. Dis-le donc, ce titre, j'écoute.

— Le voici : *Histoire véridique et comique d'un sergent-major, d'une cantinière et d'une rose...*

La Jonquille devint cramoisi. Il commençait à soupçonner que Denis pouvait bien se moquer de lui, et que les rires qu'il avait entendus un peu auparavant retentissaient à ses dépens. Mais il n'en était pas encore assez sûr pour éclater.

Il s'efforça donc de faire bonne contenance, et il dit : — Le titre me paraît en effet assez piquant... Va, petit.

Denis reprit : « — Il était un jour un sergent-major aussi grand qu'il était sot, aussi gros qu'il était bête. »

A ce début, on entendit le bruit sourd de deux ou trois éclats de rire étouffés.

La Jonquille tordit convulsivement sa moustache.

Le narrateur continua : « — Ce sergent-major était, à l'entendre, le plus terrible pourfendeur de gens et le plus vorace mangeur de cœurs qui se puisse imaginer! Pour parler une langue mythologique et fleurie, il volait des jeux de Bellone à ceux de l'amour, et partout il triomphait. Jamais, au grand jamais, — disait-il, — il n'avait rencontré de cruelles, et rien qu'avec les poils de ses immenses moustaches, il attachait à lui les plus insensibles. »

A cet endroit du récit, les moustaches de La Jonquille, auxquelles Denis faisait allusion, semblèrent se hérisser de fureur. Cependant, voulant voir jusqu'où le narrateur pousserait l'audace, le sergent-major tint bon.

« — Qui pourrait croire, — poursuivit Denis d'un ton déclamatoire, — qu'un jour le soleil devait luire pour éclairer la défaite de ce géant de valeur et de galanterie?

» Ce jour arriva cependant.

» Dans le régiment au front duquel luisait, comme un astre étincelant, le sergent-major en question, se trouvait une cantinière jeune et belle. Le colosse en devint épris. Il déclara sa flamme. On en rit. Il fit les serments les plus tendres. On rit de plus en plus fort; mais on ne lui en laissa rien voir.

» Vous comprenez qu'il était beaucoup plus drôle de se moquer du sergent-major que de l'éconduire tout simplement. On l'accueillit donc; on lui fit bonne mine; on ne lui ménagea ni les œillades, ni les sourires, et l'éléphant en uniforme, dupé, bafoué, mystifié, se cabra d'orgueil en hennissant d'aise.

» Un beau matin, l'énorme amoureux voulut faire preuve d'une galanterie délicate.

» On le vit arriver à la caserne orné d'une fleur.

» Et quelle fleur!... une rose!... pauvre rose!

» Il alla trouver l'aimable objet de sa malencontreuse ardeur, et, avec des soupirs de buffle et des roucoulements de taureau sauvage, il mit aux pieds de la beauté la malheureuse rose que pétrissaient ses gros doigts le plus délicatement du monde. La beauté comprima une envie de rire tout aussi grande que celle à laquelle les camarades cédaient tout à l'heure; elle accepta la rose.

» Qu'en voulait-elle faire?

» C'est un grand secret; mais, cependant, je vais vous le dire. Elle voulait l'offrir à l'ami de son cœur, au rival heureux du grotesque sergent-major... »

Ici, le récit du jeune homme fut interrompu brusquement.

La Jonquille, n'y pouvant plus tenir, se leva d'un bond et s'élança jusqu'à Denis en criant d'une voix étranglée :

— Ah! le drôle! ah! le grédin!... il ment! il ment!... Madelon elle n'a point fait cela!...

— Voici votre rose, sergent... — répliqua Denis, en prenant la fleur placée derrière lui et en la mettant avec le plus grand calme sous le nez du sous-officier.

La Jonquille recula d'un pas, et regarda la fleur avec de gros yeux effarés. Il n'en pouvait douter, il était impossible de s'y méprendre, c'était bien la même. Ainsi, il était trahi, trompé, moqué!... il servait de jouet à Madelon, à Denis Poulailler, à tous les soldats du régiment de Royal-Champagne!... C'en était trop!

La Jonquille, en proie à un transport d'inexprimable rage, leva sa main droite et la laissa retomber, avec l'intention manifeste de frapper Denis au visage. Si le jeune homme avait été atteint, il est probable qu'il aurait roulé sur le sol, assommé comme un bœuf, tant était prodigieuse la force de son adversaire. Mais Denis, par un saut de côté, avait évité le choc, et furieux à son tour de l'agression du sergent-major, il revint en avant, se pencha, bondit, et saisissant d'une main la Jonquille à la gorge, il le souffleta de l'autre.

Le râle de la fureur s'échappa du gosier contracté du sergent-major. Il ne chercha pas même à se dérober à l'étreinte de Denis, et, tirant son épée du fourreau, il s'efforça de la lui passer à travers le corps.

Mais, pour la seconde fois, le jeune homme s'était jeté en arrière, et l'arme de La Jonquille ne frappa que le vide.

Alors le sergent-major, enivré et aveuglé, hurlant et vociférant, se mit à poursuivre son ennemi autour de la chambre, frappant à droite et à gauche, d'estoc et de taille, et faisant voler en poussière le plâtre des murailles contre lesquelles s'ébréchait son épée.

Denis, qui n'avait pas d'arme, semblait se faire un jeu de cette poursuite et bondissait devant La Jonquille en riant aux éclats. Enfin, il sembla se lasser de cette fuite simulée. Il saisit une épée qui se trouvait sur un lit de camp; il la tira hors de son fourreau, et, s'arrêtant en face de son adversaire, il tomba en garde.

Dans le combat qui s'engageait, La Jonquille avait pour lui deux immenses avantages, qui, selon toute apparence, devaient être décisifs. D'abord la dimension prodigieuse de ses bras et de ses jambes, qui lui permettait de se fendre d'une façon véritablement effrayante. Ensuite, la longueur de son épée, colichemarde proportionnée à la taille de celui qui la portait, et qui dépassait, d'au moins un bon pied la longueur de celle de Denis.

Mais, en revanche, ce dernier avait conservé tout le sang-froid qui manquait à son adversaire écumant.

Dans l'habitude de la vie, La Jonquille était un tireur fort habile. Il avait reçu des leçons d'un maître d'armes italien, et il avait appris de lui quelques coups qui le rendaient excessivement dangereux.

De plus, il avait adopté ce qu'on appelait la *garde florentine*, c'est-à-dire que, se fendant excessivement, le corps penché en avant et appuyé tout entier sur la cuisse droite, dans l'attitude d'un jaguar qui va s'élancer, il ne présentait à son adversaire que son long bras et la pointe de son épée.

Mais, en ce moment, nous le répétons, il ressemblait à un homme ivre et frappait à peu près au hasard.

A trois ou quatre reprises il se fendit à fond sur Denis, qui para sans la moindre peine.

Ces inutiles attaques exaltèrent jusqu'au délire l'impuissante fureur du sergent-major. Il se servit de son arme comme d'un javelot et la lança de toute sa force contre la poitrine de Denis.

Le jeune homme avait prévu ce mouvement. Il s'effaça, et l'épée de La Jonquille alla s'enfoncer dans la muraille, où elle resta fichée et tremblante.

En même temps, Denis étendit le bras, et le sergent-major, entraîné par une irrésistible impulsion, vint lui-même enferrer son front sur la pointe de l'épée de son adversaire. Cette blessure produisit un effet foudroyant.

Une horrible contraction nerveuse bouleversa le visage de La Jonquille. Ses yeux sortirent de leurs orbites, et le sergent tomba lourdement en arrière en murmurant : — Ah! grédin!... je suis mort... mais tu séras pendu!

Ce furent ses dernières paroles.

Pendant deux ou trois secondes, des convulsions effrayantes, accompagnées d'un râle horrible, tordirent ce corps gigantesque. Puis vinrent l'immobilité et la roideur. Le sergent-major avait cessé de vivre.

Quant à Denis, sa position ne valait guère mieux. Il venait de tuer un de ses supérieurs dans la hiérarchie militaire. La loi martiale était précise : il serait pendu, ou, peut-être, par faveur spéciale, fusillé.

— Tu es perdu, si tu restes ici, — lui crièrent tous ses camarades; — sauve-toi!... sauve-toi avant que l'alarme soit donnée, et avant qu'on ait eu le temps de te faire arrêter... Le conseil était bon à suivre. Denis le suivit en effet.

XVII. — LE DÉSERTEUR

La France, aux environs de Strasbourg, n'est séparée de l'Allemagne que par la largeur du Rhin, et tout le monde sait que le pont de Kehl appartient moitié à l'Allemagne, moitié à la France.

En moins de deux heures, Denis Poulailler se trouva donc expatrié, par conséquent à l'abri de la pendaison et de la fusillade, mais sans aucune espèce de ressource pour le présent et de moyens d'existence pour l'avenir.

Cette situation ne semble pas gaie, mais ce n'était point la première fois que notre héros se trouvait aux prises avec elle ; et comme, avec l'aide du diable, il s'en était toujours tiré jusque-là, il espérait bien s'en tirer encore.

La première cho e à laquelle il dut songer, ce fut de se débarrasser de son uniforme, qui le faisait infiniment trop remarquer et le signalait à l'attention comme un déserteur français. Mais Denis n'ayant pas un sou dans sa poche, il était indispensable de recourir au système du *libre échange* pour se procurer les vêtements nécessaires.

Il faisait presque nuit, lorsque Denis s'approcha d'un petit enclos, formé par une haie d'aubépine autour d'une maisonnette d'humble apparence.

Dans l'intérieur de cet enclos, une ménagère soigneuse et qui, sans doute, venait de faire la lessive la veille ou le matin, avait étendu les habits de son mari sur des perches pour les faire sécher. Ces habits étaient de grosse toile bise et n'en convenaient que mieux à un déguisement.

Denis, avec des précautions infinies, fit un trou à la haie et se gliss t dans l'enclos. Il s'empara d'une veste, d'une culotte et d'un bonnet de coton. Il fit rapidement son changement de toilette, et il plaça son uniforme à la place des hardes qu'il venait de s'approprier.

Ensuite il sortit par ce même trou qui lui avait servi de porte pour entrer, et s'éloigna.

Il n'avait pas fait deux cents pas qu'il entendit pousser derrière lui un grand cri dans lequel se distinguait facilement la double intonation de la surprise et de l'effroi.

Denis se mit à rire.

La ménagère, à coup sûr, venait de s'apercevoir de l'étrange métamorphose des vêtements de son mari et croyait à quelque prodige.

Vers dix heures du soir, notre héros arriva dans la très-petite ville de Steinbach.

Il lui fallait un souper et un lit. Il entra résolûment dans la première auberge du bourg, quoiqu'il sût bien qu'il n'avait de quoi payer ni la nourriture ni le gîte.

La grande salle du rez-de-chaussée était tellement encombrée de flegmatiques Allemands qui fumaient gravement leur longues pipes en buvant de la bière mousseuse, qu'un épais nuage de fumée, semblable au brouillard le plus opaque, ne permit point d'abord à Denis de distinguer les objets environnants. Mais bientôt il s'accoutuma à cette atmosphère âcre et peu transparente, et il prit place à une petite table qui n'était pas encore occupée.

Sur les frontières allemandes, on parle la langue française au moins autant que la langue nationale.

Denis n'eut donc aucune peine à se faire comprendre quand il demanda un souper et une chambre.

Au bout de trois minutes, une grosse servante fraîche, blonde et charnue comme les femmes de Rubens, couvrait la petite table d'une nappe éblouissante de blancheur, et plaçait sur cette nappe un pain frais, un morceau de lard rose, entouré de choucroute blonde, dans un plat de faïence blanche et bleue, et, enfin, un *muos* rempli jusqu'aux bords d'une bière écumante.

D nis s'empressa de faire honneur à ce repas, que rendait surtout appétissant la plus exquise propreté.

Ensuite, parfaitement réconforté, il gagna sa chambre, et la même servante qui lui avait apporté son souper le conduisit au premier étage, dans un joli petit cabinet dont l'unique fenêtre donnait sur une cour intérieure.

Denis se coucha, et, en moins de quelques secondes, il dormait aussi profondément que si, dans cette même journée il n'avait pas tué un homme, volé des habits, et fait une dépense qu'il ne savait comment payer.

Lorsque le jeune homme se réveilla, il lui sembla d'abord qu'il commençait à faire jour et il sauta précipitamment en bas de son lit. Mais il s'aperçut presque aussitôt que ce qu'il prenait pour les premières clartés de l'aube n'était autre chose que les rayons de la lune.

— Ah çà ! mais, — pensa-t-il, — un excellent moyen pour qu'on ne me réclame point ma dépense d'hier au soir, c'est de m'en aller à l'instant même, pendant que tout le monde dort encore dans la maison.

Et, enchanté d'avoir imaginé cet expédient, il s'habilla

en toute hâte ; il ouvrit doucement la porte et il descendit au rez-de-chaussée, où il se trouva dans la grande salle.

Mais il lui fut impossible d'aller plus loin ; la serrure de cette pièce était fermée à clef, et la clef manquait.

Denis, un peu désappointé, remonta dans sa chambre et se mit à regarder par la fenêtre.

Cette fenêtre, nous l'avons déjà dit, ouvrait sur une cour intérieure, celle des écuries et des greniers à fourrages, et, précisément au-dessous, se trouvait un gros tas de paille.

Le jeune homme prit à l'instant même son parti.

Il se suspendit avec les deux mains au rebord extérieur de la fenêtre et se laissa tomber sur la paille.

Quoiqu'il ne se fût pas fait le moindre mal, cette chute l'étourdit cependant pendant quelques secondes, mais, au bout de ce temps, il se releva ; il gagna une porte charretière qui n'était fermée qu'au verrou et qu'il ouvrit sans peine, et il se trouva dans la rue.

Une fois dehors, il s'éloigna rapidement et dans une direction opposée à celle par laquelle il était venu.

Chemin faisant, il coupa dans une clôture un assez gros bâton, destiné tout à la fois à assurer sa marche et à lui servir, dans l'occasion, d'arme offensive et défensive ; puis il continua sa route.

Si insoucieux de l'avenir que fût Denis Poulailler, il ne laissa pas de se voir assailli par des réflexions d'une nuance assez sombre, tandis qu'il poursuivait sa course nocturne, éclairée par les rayons de plus en plus pâles de la lune qui se couchait derrière les montagnes.

— Où vais-je maintenant ? — se demandait-il malgré lui. — Où déjeuner ce matin ? où dîner, où coucher ce soir ? et demain ? Enfin, comment vivre et que devenir ?

Et comme il ne pouvait faire aucune réponse satisfaisante à ces tristes questions, il prit le parti de secouer la tête, comme pour chasser des idées importunes, et il s'écria :

— Bah ! je suis bien sot de m'inquiéter de si peu de chose !... Ne suis-je pas *donné au diable*?... Le diable y pourvoira !

Le diable y pourvut, en effet, et plus tôt que Denis Poulailler lui-même ne le supposait.

Le jeune aventurier avait atteint une vallée profonde et boisée, où la route, descendant rapidement, se trouvait encaissée entre les taillis épais et des arbres de haute futaie, dont les feuillages entrelacés créaient dans la nuit une nouvelle nuit plus impénétrable et plus effrayante que la première.

— Ma foi, — se dit-il, — voilà un endroit sinistre ! Franchement, si j'avais de l'argent plein mes poches, je craindrais les voleurs. Mais dans l'état où je me trouve, je les défie bien de me prendre quoi que ce soit ! A quelque chose malheur est bon !

Et il se mit à chantonner du bout des dents un refrain soldatesque du régiment de Royal-Champagne, tout en fauchant avec son bâton les feuilles vertes qui venaient lui caresser le visage.

Il fit ainsi encore une centaine de pas environ.

Soudain un coup de sifflet aigu retentit à dix pas de lui, en avant.

Denis tressaillit et s'arrêta.

Trois autres coups de sifflet, semblables au premier, se firent entendre à droite, à gauche et en arrière ; le taillis s'entr'ouvrirent violemment, et plusieurs hommes bondirent auprès de Denis et l'entourèrent.

— Ah ! diable ! — murmura le jeune homme, surpris par cette brusque attaque ; — ah diable ! qu'est-ce que je disais tout à l'heure !

Et il se mit en défense avec son bâton.

Mais cette arme insuffisante lui fut arrachée par une main invisible ; il sentit que le canon d'un pistolet s'appuyait sur sa poitrine, et une voix dure articula ces quelques mots, classiques dans le langage des brigands : — Pas de résistance, ou tu es mort !

— Ne me faites point de mal, — répliqua Denis, — et expliquons-nous...

— Ta bourse avant tout !

— Je n'en ai pas.

— Tu mens !

— Dame ! voyez plutôt.

— Fouillez-le ! — reprit la voix dure.

Cet ordre fut exécuté sur-le-champ.

Des mains, évidemment habituées à ces sortes de recherches se promenèrent aussitôt sur toute la personne du jeune homme, retournèrent les poches et explorèrent les doublures.

Ce fut fait en une minute. ·

— Eh bien? — demanda la voix rude.

— Rien, — répondit laconiquement une autre voix.

Un juron expressif suivit cette réplique.

— Vous voyez! — dit notre héros, — je ne mens jamais !

— Ah çà! — reprit la voix qui semblait donner des ordres, — tu n'es donc pas le fermier Fritz Muller?

— Je ne suis ni fermier, ni Fritz, ni Muller... Je suis Français.

— Et tu t'appelles?

— Jean-Denis de Poulailler.

— D'où viens-tu?

— De Strasbourg.

L'interrogatoire allait continuer sans doute, lorsqu'il fut interrompu soudain par un bruit qui se faisait entendre dans le lointain, sur la route.

Ce bruit était produit par les pas mesurés d'un cheval au petit trot.

— Voici celui que nous attendons, — murmura la voix; — je me souviens maintenant qu'il devait être à cheval. Tout le monde à son poste .. Emmenez cet homme; attachez-lui les pieds et les mains, couchez-le dans le fourré, et, s'il veut faire un mouvement ou prononcer un mot, brûlez-lui la cervelle.

Deux hommes s'emparèrent à l'instant même de Denis, lequel, comme bien on pense, n'opposa pas la moindre résistance. On le transporta à quinze ou vingt pas dans l'intérieur du taillis, et, d'après l'ordre qui venait d'être donné, on lui lia les pieds et les mains.

— Drôle d'aventure! — pensait-il, — comment cela va-t-il finir?

XVIII. — LES CHARBONNIERS

Il y eut un instant de complet silence, interrompu seulement par la cadence sonore des pas du cheval qui s'approchait de plus en plus, et par le bruit sec et métallique des pistolets que l'on armait.

Denis, l'oreille au guet, calcula que le cavalier devait être arrivé à cet endroit de la route où lui-même avait été arrêté dix minutes auparavant.

Il ne se trompait pas.

Les coups de sifflet, auxquels il s'attendait, retentirent, et la voix qui lui avait crié : — Pas de résistance ou tu es mort! — répéta les mêmes paroles.

Mais, sans doute, le nouveau venu avait à sa disposition les moyens de défense qui manquaient à Denis.

Il répondit par un coup de feu à la phrase que nous venons de rapporter, et le bruit d'un galop rapide annonça qu'il fuyait de toute la vitesse des jambes de son cheval.

— Feu! — cria impérieusement la voix dure.

Cinq ou six éclairs rayèrent la nuit sombre, et les détonations d'autant de coups de pistolet ou de carabine furent répercutées par les échos de la vallée.

On entendit ensuite le cheval s'abattre avec un hennissement d'agonie et le cavalier pousser un cri sourd.

L'un était mort et l'autre blessé mortellement.

Le silence régna de nouveau pendant environ dix minutes.

Au bout de ce temps, un grand mouvement eut lieu dans les broussailles autour de notre héros.

Quelques phrases rapides furent échangées à voix basse entre les hommes qui l'entouraient; l'un d'eux le chargea sur ses épaules avec autant de facilité que s'il eût eu affaire à un enfant de cinq ou six ans, et les bandits se mirent en marche.

Après un quart d'heure environ, ils atteignirent une clairière assez vaste. Plusieurs chevaux, sellés et bridés, étaient attachés à des arbustes à l'une des extrémités de cette clairière.

L'homme qui portait Denis s'élança sur sa monture, mit son fardeau en croupe, et l'assujettit au moyen d'une sangle; puis, toute la troupe partit ventre à terre en suivant des sentiers à peine frayés.

Denis, dans la situation critique où le hasard venait de le placer, éprouvait un vif sentiment de curiosité, mais sans le moindre mélange de frayeur.

Qu'aurait-il pu craindre, en effet?

On ne pouvait rien lui dérober, par la meilleure de toutes les raisons du monde; et, quant à sa vie, elle ne devait redouter quoi que ce fût de ces voleurs, hors la loi comme lui.

Il attendait donc le dénoûment de cette étrange aventure avec une soumission exemplaire et une résignation passive.

Les premières clartés de l'aube blanchissaient la cime des arbres, quand les chevaux s'arrêtèrent.

La petite troupe se trouvait en ce moment sous une épaisse futaie de chênes centenaires.

A droite et à gauche se voyaient une demi-douzaine de petites huttes de charbonniers. On porta Denis dans l'une de ces huttes, et après avoir desserré les liens qui engourdissaient par leur pression ses mains et ses pieds, on le laissa seul, en prenant toutefois la précaution de l'enfermer.

Mais le jeune homme n'avait pas la moindre envie de recourir à une évasion. Il devinait instinctivement qu'il y avait pour lui un parti quelconque à tirer de sa situation actuelle.

Son attente d'ailleurs ne fut pas longue.

La porte de la hutte se rouvrit, et il vit entrer quatre ou cinq hommes, exactement vêtus comme les charbonniers de la forêt Noire. Leurs mains et même leurs visages étaient noircis avec de la poudre de charbon.

Dans le premier moment, Denis ne sut que penser de cet aspect bizarre.

Mais aussitôt qu'il eut entendu et reconnu la voix de l'un de ces personnages, il comprit que ce costume était un déguisement.

Les bandits ne semblèrent pas d'abord faire la moindre attention à leur prisonnier.

L'homme à la voix rude avait tiré de dessous sa veste une longue ceinture de cuir qui semblait fort lourde, et il en versait le contenu sur une petite table de bois brut.

Une centaine de doubles louis tombèrent en cascade sonore, et de chacun d'eux jaillirent de fauves étincelles...

— Oh! oh! — fit en ricanant celui qui semblait le chef des autres bandits, — je vois qu'on ne nous avait pas trompés... ce pauvre diable de Fritz Muller avait joliment fait ses affaires à la foire de Strasbourg.

— Pardieu! — dit un autre, — c'était un homme heureux que Fritz Muller!...

— Tout lui réussissait !... — s'écria un troisième.

— Excepté, cependant, — dit le chef avec un sourire sinistre, — excepté de s'attarder dans les auberges, et de vouloir traverser à trois heures du matin la vallée de Golbraun.

— Ah bah! — reprit un des faux charbonniers, — le voilà débarrassé de tous les soucis, de tous les tracas, et de toutes les peines de la vie!...

— Le fait est qu'il est sûr, maintenant, de n'être jamais pendu !

— Je voudrais bien, camarades, en pouvoir dire autant!...

— Sans compter que ce brave Fritz est présentement délivré de sa femme, qui, à ce qu'on prétend, est une rude commère.

— Il doit y avoir de l'argent caché à la ferme de Falklein, savez-vous?...

— La chose est, ma foi, bien possible!... Nous irons, une de ces nuits, y faire une petite visite.

La conversation sur ce sujet en resta là.

Les bandits firent quatorze parts de l'argent étalé sur la table. Chacun d'eux prit une de ces parts; le chef en prit trois, et les autres furent remises dans la ceinture de cuir du malheureux fermier assassiné.

L'homme à la voix rude sembla alors s'occuper de Denis pour la première fois.

— Eh! drôle! — lui dit-il, — avance ici!...

Le jeune prisonnier se hâta d'obéir.

— Quand je t'ai demandé, cette nuit, d'où tu venais, que m'as-tu répondu?

— Je vous ai répondu que je venais de Strasbourg.

— C'est bien cela. Et que faisais-tu dans cette ville?

— J'étais soldat au régiment de Royal-Champagne.

— Ah! ah!... et depuis quand l'as-tu quitté, ton régiment?

— Depuis hier.

— Comment diable se fait-il donc que tu n'en portes déjà plus l'uniforme?

— Parce que cet uniforme n'étant pas sain pour moi, j'ai préféré l'échanger contre les habits que vous voyez...

— Est-ce que tu aurais déserté, par hasard?

— Mieux que ça!

— Comment, mieux que ça?

— Oui, j'ai tué un de mes chefs.

— Diable!... et de quelle façon?

— En duel.

— Ah çà! tu es donc un brave, toi?

— On le dit, et je le crois.

— Ce qui n'empêche pas que, si l'on te prend, tu seras pendu ou fusillé!

— C'est pour cela que je tâcherai de faire en sorte qu'on ne me prenne point.

— Bien répondu. Avant d'être soldat, qu'étais-tu?

— Comédien.

— Avant d'être comédien?

— Mousse.

— Avant d'être mousse?

— Cadet de famille.

— Et, maintenant, que comptes-tu faire?

— Je n'en sais pas le premier mot, mais je ne m'en inquiète guère...

— Pourquoi cela?

— C'est l'affaire du diable, qui ne me laissera jamais dans l'embarras...

L'homme à la voix rude se mit à rire.

— Tu crois? — demanda-t-il.

— J'en suis sûr.

— Tu as donc dans le diable une bien grande confiance?...

— Il est obligé de me protéger, je lui appartiens; et, dans mon enfance, on m'appelait *Donné au diable.*

Le bandit jeta un regard à ses compagnons.

Sans doute ils comprirent à merveille le sens de ce coup d'œil, car ils y répondirent tous par un signe de tête affirmatif.

En même temps, l'un d'eux s'approcha du jeune homme, et dénoua complétement les liens qu'on avait déjà desserrés.

— Tu m'as dit ton nom, je crois, mais je l'ai oublié, — fit alors le personnage à la voix dure.

— Je m'appelle Jean-Denis de Poulailler.

— Eh bien! Jean-Denis de Poulailler, j'ai une proposition à te faire.

— Faites. Je ne sais pourquoi, mais j'ai dans l'idée que nous pourrions bien nous entendre.

— Tu as deviné, sans doute, que nous sommes de bons compagnons, qui, mécontents des façons d'agir de la société, et trouvant qu'elle méconnaissait nos mérites, nous sommes mis en guerre ouverte avec elle?...

— Oui, certes, j'ai deviné cela, et, franchement, après ce que j'ai vu cette nuit et après ce qui m'est arrivé à moi-même, ce n'était pas bien difficile...

— Comme toi je suis Français, — poursuivit l'interlocuteur de Denis, — comme toi j'ai été soldat, comme toi j'ai foulé aux pieds les liens d'une discipline odieuse. Aujourd'hui, au lieu d'obéir à des chefs imbéciles, je commande à une poignée de braves gens qui, sous mes ordres, font des prodiges!... Notre vie est délicieuse : elle réunit les plus doux plaisirs de la guerre et de la chasse; le riche est notre ennemi, l'homme est notre gibier. Nous ne manquons jamais ni d'or, ni de bons vins, ni de femmes complaisantes; bref, notre existence est si ravissante, que le roi de France, s'il la connaissait, quitterait son trône pour venir la partager avec nous... Veux-tu être des nôtres?...

Denis se gratta légèrement le front.

— Je ne dis pas non, — répliqua-t-il ensuite, — mais je vous avoue qu'il y a au tableau une ombre qui me déplaît...

— Laquelle?

— C'est d'être *roué* tout vif si l'on vous met la main dessus.

— Ceci est un des petits inconvénients du métier; la plus belle rose a ses épines; mais ne me parais oublier que si l'on te prenait aujourd'hui, toi qui me parles, ce ne serait bien certainement pas pour te conduire à la noce!...

— Au fait, vous avez raison, et de la potence à la roue il n'y a que la main.

— Tu commences à voir juste, mon fils. Voyons, réfléchis; songe que je n'adresserais pas à tout le monde la proposition que je te fais, et dis-moi si, décidément, tu l'acceptes!...

— Ma foi, toute réflexion faite, je dis *oui.*

— Bravo! — cria le personnage à la voix rauque; — maintenant tu vas savoir à quelles conditions on peut entrer dans le corps d'élite que j'ai l'honneur de commander.

XIX. — LA RÉCEPTION

— Ah! il y a des conditions? — demanda Denis.

— Pardieu! ne penses-tu donc pas qu'il ne s'agit que de se présenter chez nous pour entrer... comme au moulin?

— Eh bien! les conditions, voyons?...

— *Primò.* Il faut avoir fait ses preuves de courage...

— Me dispensez-vous donc des miennes?

— Tu les as faites.

— Ah bah! Quand ça et comment ça, s'il vous plaît?...

— Depuis que tu es entre nos mains, par ton attitude et par ta façon de répondre à mes questions.

— Fort bien.

— *Secundò.* Il est indispensable d'avoir de l'esprit.

— Et vous trouvez que j'en ai?...

— Deux fois plus qu'il n'en faut pour être admis.

— Vous êtes bien bon; mais à quoi diable cet esprit que vous exigez peut-il servir pour arrêter et détrousser les gens sur la grand'route?

— A rien, dans ces moments-là où c'est la bravoure et la promptitude qui font tout; mais il est indispensable pour combiner les bons coups, pour préparer les expéditions; enfin, pour se tirer d'affaire en cas de non-réussite. Comprends-tu, maintenant?

— Le mieux du monde.

— *Tertiò.* Il faut jurer à l'association une fidélité et un dévouement sans bornes; il faut, si l'on est pris, savoir endurer la question ordinaire et extraordinaire, monter au gibet ou se voir attaché sur la roue sans répondre un seul mot qui puisse porter préjudice à ses frères d'armes.

— Je jure cette fidélité et ce dévouement sans bornes.

— *Quartò.* Il faut promettre également d'obéir d'une façon passive à tous les ordres du capitaine, quels que soient ces ordres...

— Ce capitaine, c'est vous, n'est-ce pas?

— Oui.

— M'est-il permis de vous demander votre nom?

— Je ne porte plus de nom, on m'appelle tout simplement *le major.*

— Cela suffit; je vous obéirai, major, quelle que soit la chose que vous me commandiez.

— *Quintò.* Il faut se faire une loi, les uns vis-à-vis des autres, de la plus scrupuleuse probité; il faut ne s'attribuer aux dépens de ses camarades aucune fraction du butin, si minime soit-elle. Les prises sont divisées en autant de parts, — plus trois, — qu'il y a d'hommes dans la compagnie. Le capitaine a trois parts, le lieutenant, deux; chacune des parts doit être parfaitement égale aux autres.

— Accepté.

— *Sextò.* Enfin, il faut, si quelque membre de la troupe est soupçonné de trahison, que tous se rassemblent et se constituent en tribunal pour l'interroger. Si l'accusé est reconnu coupable, l'arrêt rendu prononcera la mort, et il devra se trouver autant d'exécuteurs de la sentence qu'il y aura de bras parmi nous.

— Ma foi, — répliqua Denis, — tout cela me semble parfaitement juste, et je jourerais très-volontiers du couteau ou du pistolet à l'endroit de celui qui, par ses délations, voudrait me faire prendre ou écarteler.

— Dans ce cas, — repartit le major, — nous nous entendons sur tous les points... Hermann, apporte-moi une ceinture, un poignard et des pistolets.

L'homme que le chef venait de nommer Hermann sortit de la hutte. Il y rentra au bout d'un instant, apportant les objets demandés.

Le major s'approcha de notre héros.

Il lui entoura les reins d'une ceinture de cuir assez semblable à un ceinturon d'épée.

Il passa dans cette ceinture les pistolets et le poignard; puis, se reculant de deux ou trois pas, il dit avec une sorte de solennité : — Jean-Denis de Poulailler, à partir de ce moment, tu es des nôtres. Usant de mon droit de capitaine, je t'admets à faire partie de la compagnie des *Chevaliers du poignard!*...

Cette réception fut suivie des acclamations les plus flatteuses des hommes qui se trouvaient là, et qui, les uns après les autres, vinrent serrer la main de leur nouveau camarade.

— Sur ce, — reprit le major, — qu'on mette le couvert et déjeunons... surtout, que le déjeuner soit bon!... c'est aujourd'hui jour de fête!...

Denis regarda autour de lui avec une curiosité un peu défiante.

Il ne comprenait point comment, dans cette misérable hutte, perdue au milieu des forêts, il serait possible de se procurer les éléments d'un bon repas.

Ses doutes et son incertitude ne furent point de longue durée.

Deux des bandits prirent dans un coin quelques planches à moitié dégrossies, qu'ils posèrent sur deux tréteaux.

Ce fut la table.

Elle répondait bien aux premières idées de Denis, qui s'attendait à voir paraître du pain noir et dur, du lard rance et des oignons secs, le tout accompagné peut-être d'une gourde d'eau-de-vie.

Qu'on juge de sa surprise quand l'un de ses compagnons, soulevant une sorte de trappe fort habilement dissimulée dans la terre dure et battue qui tenait lieu de plancher, découvrit les premières marches d'un escalier qui conduisait à un petit caveau souterrain dans lequel il descendit.

Bientôt cet homme reparut, chargé de linge et d'argenterie.

Il étala sur les planches raboteuses une nappe magnifique en toile de Frise damassée et armoriée.

Il disposa autant d'assiettes d'argent et de gobelets du même métal qu'il y avait de convives.

La place du major fut désignée par une coupe en vermeil d'un travail tellement exquis, qu'un connaisseur n'eût point hésité à l'attribuer au ciseleur florentin Benvenuto Cellini.

Notons en passant que presque toutes les pièces de ce magnifique service de table portaient des chiffres, des couronnes ou des blasons différents, témoignages irrécusables de la façon dont elles étaient arrivées entre les mains du major.

Le bandit qui venait de mettre le couvert redescendit dans le caveau et ne tarda guère à en rapporter un grand panier rempli de bouteilles poudreuses, recouvertes de nombreuses toiles d'araignées qui attestaient leur âge respectable. L'autre bras soutenait un panier non moins grand, amplement garni de jambons de Westphalie, de pâtés, de pièces de viande froide.

De petits pains, aussi blonds que les épis dorés qui les avaient produits, semblaient n'être sortis du four que depuis quelques heures.

Ces nombreuses provisions furent disposées avec une symétrie élégante, digne d'un valet de chambre de bonne maison.

Puis le major, voyant que tout était prêt, cria : — A table !... — et donna lui-même le signal en portant son escabelle en face de la coupe ciselée dont nous avons parlé tout à l'heure.

Certes, ce devait être un spectacle bizarre et curieux, et digne d'attirer l'attention et de fixer les pinceaux d'un grand artiste, que celui de ces hommes aux longues barbes rudes, aux visages rébarbatifs, aux mains noires, vêtus des costumes en haillons de pauvres charbonniers, sous le toit chancelant d'une misérable hutte aux murs crevassés, attablés autour d'un déjeuner splendide, servi dans une admirable vaisselle plate, et buvant, dans des gobelets d'argent, les vins les plus grands crus du monde.

Le visage de notre héros refléta, comme un miroir fidèle, ce qui se passait en lui à la vue de ces oppositions si frappantes et si caractéristiques.

Le major s'aperçut à merveille de cette impression.

— Ah ! voilà, — lui dit-il, — voilà l'une des choses qui rendent notre vie si séduisante, les contrastes ; mais modère ton étonnement, car je te garantis bien que tu n'es pas au bout de tes surprises...

Cependant les *chevaliers du poignard*, puisque tel était le nom qu'ils se donnaient à eux-mêmes, fêtaient amplement les bouteilles.

Denis ne se piquait point de plus de sobriété que ses nouveaux compagnons, et suivait leur exemple.

Bientôt le vin délia toutes les langues, et Denis devint questionneur.

— Major, — demanda-t-il au chef de la bande, — est-ce que c'est ici que vous demeurez habituellement ?...

— Non pas, — répondit le personnage ainsi interpellé, — nous aimons trop nos aises pour cela... Ces cabanes ne sont qu'un endroit de repos, une sorte de lieu d'asile où nous passons le temps quelques heures, lorsque nos expéditions nous ont conduits de ce côté du pays...

— Votre habitation ordinaire, major, où donc est-elle ?

— A huit lieues d'ici, dans la montagne, au château de Falkenhorst ..

— Est-ce un beau château, que ce château-là, major ?

— Tu le verras ce soir.

— Y avez-vous laissé quelques-uns de nos camarades ?...

— Pardieu ! ne faut-il pas du monde pour garder le château ?...

— Combien sommes-nous en tout dans la compagnie, major ?

— Ce matin nous étions onze, maintenant que te voilà des nôtres, nous sommes douze.

— Avez-vous un lieutenant ?

— Oui.

— Est-il ici ?

— Non.

— Comment s'appelle-t-il, ce lieutenant ?

— Karl.

Denis fit encore une foule d'autres questions auxquelles son chef répondit avec une inépuisable complaisance.

Puis, le déjeuner étant achevé, on plaça une sentinelle en avant de la hutte, afin d'éviter toute surprise, et tous les autres bandits, qui avaient passé une nuit blanche, se livrèrent à un sommeil réparateur.

Le soir venu, chacun s'éveilla, on se livra à un nouveau repas, puis les chevaux furent amenés.

Les bandits avaient quitté leurs vêtements de charbonniers pour reprendre leur costume ordinaire.

Denis se remit en croupe derrière celui qui, pendant la nuit précédente, avait été chargé de le transporter, tandis qu'il était prisonnier.

Ensuite la petite troupe s'ébranla, et les chevaux prirent au grand trot le chemin qui conduisait au château de Falkenhorst.

Deuxième Partie — Les Amours du Chevalier

I. — FALKENHORST

La petite troupe, avons-nous dit, partit au trot le plus rapide, dans la direction de la demeure habituelle des *chevaliers du poignard*.

La soirée était déjà avancée et la nuit succédait au crépuscule presque sans transition.

La cavalcade suivait des chemins encaissés et couverts, dans lesquels l'obscurité aurait été profonde si la lune, étincelant au fond du ciel pur, n'eût jeté sa clarté bleuâtre à travers les rameaux entrelacés.

Au bout d'environ deux heures de marche, les bandits atteignirent la lisière d'une forêt et se trouvèrent en rase campagne.

Le major arrêta son cheval.

— Regarde, — dit-il à Denis.

Et du geste il désignait à l'horizon une montagne de forme conique, couronnée par une masse sombre dentelée, irrégulière, qui se détachait vigoureusement en noir sur les nuages argentés.

— Eh bien ? — demanda le jeune homme.

— Voilà Falkenhorst !... — répondit emphatiquement le major, du même ton dont le héros d'un livre jadis fameux s'écriait : « *Voilà Ldolphe !* »

— Mais c'est une ruine !... — murmura Denis.

— Pardieu ! ne penses-tu pas que nous allons tenir garnison dans un château tout neuf, pour nous y faire traquer par toute la police allemande ?...

La perspective d'habiter parmi les décombres, les chouettes et les chauves-souris, ne souriait que fort médiocrement à Denis. Il soupira.

Mais il se souvient presque aussitôt du merveilleux souper sorti de terre comme par miracle dans la hutte du charbonnier, et concluant de là qu'il ne fallait point, avec le major, juger les choses sur l'apparence, il se rassura.

Les chevaux s'étaient remis en marche.

Bientôt on atteignit le pied de la montagne sur laquelle s'élevaient les ruines du château féodal de *Falkenhorst*, nom qui, en allemand, signifie *aire de faucon*.

Les flancs de cette montagne étaient excessivement rapides et, dans certains endroits, taillés à pic.

Denis ne se rendait point compte de la façon dont les chevaux pourraient en atteindre le sommet.

Il ne tarda pas à s'apercevoir que la petite troupe tournait la colline au lieu de la gravir.

Bientôt on arriva au pied d'une roche granitique abrupte et dont les flancs parfaitement lisses semblaient taillés au ciseau.

Le major arrêta son cheval, et tout le monde mit pied à terre.

— Va-t-on donc nous hisser en haut avec des cordes et des poulies ?... — se demandait Denis.

Son incertitude ne dura qu'un instant.

Le major siffla d'une certaine manière qui, sans doute, était un signal.

Aussitôt un quartier de roc tourna sur des gonds invisibles, comme un *décor* dans une *féerie*, et démasqua une ouverture assez large pour qu'un cheval y pût passer sans peine.

Chacun des bandits prit sa monture par la bride et s'engagea dans cette ouverture.

Quand tout le monde fut entré, le fragment de granit reprit sa première position, et le rocher sembla d'une seule pièce, comme auparavant.

Au bout de vingt pas, la galerie souterraine dans laquelle les cavaliers venaient d'entrer s'élargissait sensiblement, ainsi que permettaient d'en juger quelques torches soutenues de distance en distance par des poignées de fer.

La pente était rapide, mais elle cependant fatigante.

Au bout d'un quart d'heure, on rencontra une grille de fer derrière laquelle se trouvait un homme armé jusqu'aux dents.

Ce factionnaire reconnut les arrivants et ouvrit la grille.

— Où est Karl? — lui demanda le major.

— Major, — répondit la sentinelle ainsi interpellée, — le lieutenant est dans sa chambre.

— A-t-on fait bonne garde, depuis mon départ?

— Oui, major.

— Rien de nouveau, d'ailleurs, aucune alerte?

— Rien.

Le major passa, et ses compagnons le suivirent.

On était arrivé.

Il nous faudrait la plume d'Anne Radcliffe, la romancière de fantastique mémoire que nous citions un peu plus haut, pour décrire, avec tous les détails que comporte un pareil sujet, les ruines antiques de Falkenhorst.

Mais comme nous n'avons point la plume d'Anne Radcliffe, et que d'ailleurs nous ne tenons que médiocrement à refaire quelques chapitres des *Mystères d'Udolphe* ou des *Visions au Château des Pyrénées*, nous résumons en peu de lignes deux ou trois cents pages de description.

Toute la partie extérieure de Falkenhorst, c'est-à-dire ce qui constituait autrefois le véritable château, était complétement inhabitable et inhabitée.

Les paysans des alentours croyaient les débris de l'*Aire de Fauron* absolument déserts et hantés seulement par quelques hôtes surnaturels.

Les bandits commandés par le major avaient découvert des souterrains en fort bon état, qui, moyennant quelques réparations peu importantes, étaient devenus une habitation très-logeable et même, ainsi qu'on le dirait aujourd'hui, très-*confortable*. A la vérité, jamais un rayon de soleil n'y pénétrait; mais des torches résineuses, brûlant jour et nuit, suppléaient le mieux du monde aux clartés du ciel.

Les souterrains avaient été divisés en un certain nombre de compartiments.

Il y avait d'abord la chambre du capitaine et celle de son lieutenant.

Puis un vaste dortoir commun où couchaient les hommes de la troupe.

Il y avait une salle à manger, aux voûtes épaisses, sous lesquelles s'étouffaient sans écho les éclats de rire, les chants de l'ivresse et les cris joyeux de l'orgie.

Venaient ensuite des cuisines, des écuries, des caves et des magasins.

C'est dans ce dernier lieu que s'entassait le butin, consistant en marchandises de toutes sortes, dont il était impossible de se défaire sur-le-champ.

Le contenu des magasins appartenait à tous, dans la proportion que nous avons posée plus haut. le capitaine seul avait la clef de la lourde porte qui les fermait.

Jour et nuit deux sentinelles veillaient à la sûreté générale.

L'une d'elles, à l'extrémité de cette issue percée dans les flancs de la colline, et par laquelle nous avons vu le major s'introduire avec sa troupe.

L'autre, au sommet d'une tourelle à moitié démolie, qui n'en dominait pas moins le pays d'alentour à quatre ou cinq lieues à la ronde.

La présence de cette vigie, on le comprend facilement, rendait toute surprise impossible.

L'intérieur de ces demeures souterraines n'avait rien de lugubre ni de sinistre en son aspect.

Partout les murailles nues disparaissaient sous d'immenses tapisseries de haute lisse, provenant du pillage de quelques châteaux. Le sol était recouvert de nattes épaisses, ou d'un sable blanc et fin, doux au pied et doux à l'œil.

La chambre du major pouvait passer pour un chef-d'œuvre de décoration.

Les plus précieuses étoffes orientales, enlevées à un marchand juif dont on avait saisi les ballots et précipité le cadavre dans le Rhin, servaient de tentures.

On marchait sur un tapis de Smyrne.

Un tissu de soie écarlate, mêlée de fils d'or et de fils d'argent, recouvrait le lit.

Enfin, un miroir de Venise, deux ou trois tableaux précieux et des trophées des armes les plus magnifiques et les plus rares, complétaient l'ameublement de cette chambre digne d'un roi, et qu'éclairait un lustre à cinq branches suspendu au plafond.

Le major n'était cependant pas le moins du monde un de ces bandits poétiques et rêveurs, comme on en trouve dans le beau drame de Schiller et dans les romans de l'ancienne école. C'était un brigand tout à fait réaliste, un véritable voleur de grands chemins.

Nous lui avons déjà entendu dire à lui-même qu'il était Français.

Il avait quarante ans environ, une figure large et vigoureusement enluminée, encadrée dans les massifs d'une barbe d'un brun fauve. Sa taille était moyenne et un peu épaisse, il commençait à prendre du ventre.

Son costume était toujours propre, mais n'affichait jamais la moindre prétention à l'élégance.

Il portait sans cesse à la ceinture un poignard et des pistolets, mais ces armes étaient d'une excessive simplicité, et il laissait suspendus aux trophées de sa chambre à coucher les poignards moresques à lame damasquinée et à la poignée d'or incrustée de pierres précieuses, et les pistolets aux pommeaux ciselés et garnis d'argent.

Le major aimait par-dessus tout la bonne chère.

Il s'asseyait volontiers à table, vers huit heures du soir, pour ne quitter la place qu'à dix heures du matin.

Il buvait comme le fameux maréchal-duc de Bassompierre. Les vins les plus capiteux, engloutis à doses énormes, ne parvenaient pas même à lui procurer une ébriosité légère; seulement, son nez, tout constellé de rubis vineux, était une irrécusable preuve de son intempérance habituelle.

Personne, dans toute sa troupe, n'était capable de lui tenir tête, pas plus à table que dans une lutte, car sa force était herculéenne, comme sa tête était inébranlable.

Le major n'était pas précisément cruel. Il ne versait point le sang uniquement pour le plaisir de le verser, il laissait la vie sauve à ceux qui n'essayaient point de se défendre. Mais la moindre résistance l'exaspérait, et, alors, il tuait un homme sans plus de souci ni de remords qu'il n'en ressentait pour tuer une alouette.

Le lieutenant Karl se rapprochait davantage, du moins quant au physique, de ce type convenu du bandit romanesque.

C'était un étudiant allemand qui, chassé de l'Université pour ses désordres et renié par sa famille, s'était jeté par désespoir dans le brigandage et était devenu le bras droit du major.

Le lieutenant Karl, jeune homme de vingt-six ou vingt-sept ans, avait un visage pâle et déjà flétri, entouré de longs cheveux noirs dont il prenait un soin tout particulier.

Une extrême maigreur rendait plus remarquable encore sa haute taille, souple comme un peuplier que fouette l'orage.

Il portait la moustache en croc et il affectait d'être toujours vêtu de noir.

Ce jeune homme, d'une nature ardente et sensuelle, avait un goût ou plutôt une passion effrénée pour les plaisirs.

La soif des voluptés avait fait de lui un *chevalier du poignard*.

Ses vices se mêlaient d'ailleurs à je ne sais quoi de chevaleresque, et sa bravoure allait jusqu'à la témérité.

Le lieutenant Karl ne devant point jouer un rôle important dans ce récit, nous n'en dirons pas davantage sur son compte.

II. — LE RAPPORT

Denis Poulailler réunissait en lui toutes les conditions requises pour devenir un bandit modèle.

Audace, résolution, sang-froid, rien ne lui manquait. Nous savons, de plus, qu'il n'avait point de préjugés et que sa conscience était élastique.

Il venait donc d'embrasser, sous la conduite du major, la

carrière qui convenait le mieux à une nature comme la sienne, et nous n'avons pas besoin d'ajouter qu'il se distingua dès ses premiers pas dans cette carrière.

Passons rapidement sur un intervalle de quelques mois, afin d'arriver plus vite à des faits d'un plus grand intérêt.

Denis était devenu en quelque sorte le favori et le confident du major, qui ne manquait jamais de le consulter avant d'entreprendre une expédition. Cette confiance et cet attachement du capitaine rendaient Poulailler lieutenant de fait, mais il ne l'était pas de droit.

Karl portait le titre de lieutenant et touchait sa double part de butin. Denis, quoique son influence sur le major fût presque sans bornes, n'était considéré que comme un simple membre de la troupe.

Cet état de choses mécontentait également Karl et Denis.

Le premier, parce qu'il se voyait dépossédé complètement de sa supériorité morale et de son autorité.

Le second, parce que la cupidité s'irritait des avantages pécuniaires accordés au lieutenant.

De là, une haine profonde entre ces deux hommes, haine d'autant plus terrible qu'elle était plus sourde et ne se manifestait par aucun éclat.

Un soir, à table, le lieutenant Karl, emporté par l'ivresse, insulta Denis, pour ainsi dire sans prétexte, et lui jeta à la tête un gobelet rempli de vin.

Denis évita le coup; mais, rendu furieux par cette brutale agression, il se précipita, un couteau à la main, sur Karl.

Le major fit un signe, et plusieurs hommes séparèrent les deux adversaires.

— Major!... — s'écria Denis, — pourquoi m'empêcher de me venger?... L'insulte que j'ai reçue est mortelle et veut du sang!...

— Elle en aura, — repartit le chef avec le plus grand sang-froid.

— Alors, ordonnez qu'on nous laisse libres!

— Vous le serez dans un instant.

— Pourquoi pas tout de suite?

— Parce que, entre gens d'honneur, il doit y avoir un combat et non pas une boucherie... On va vous donner des épées, et vous vous mesurerez loyalement...

— À la bonne heure! — répondit Denis.

Ce qui fut dit fut fait.

Un homme de la bande alla chercher deux de ces longues et lourdes épées de forme antique, dont aujourd'hui encore les étudiants allemands se servent pour vider leurs querelles.

Karl, malgré son incontestable courage, était plus pâle qu'à l'ordinaire.

Chacun des adversaires prit une de ces armes.

Le duel commença.

Il fut court.

À la deuxième passe, Denis clouait le lieutenant contre la muraille comme un gigantesque oiseau de nuit.

Karl vomit le sang, tordit ses membres, et expira sans pousser un soupir et sans prononcer une parole.

— Bien touché, mon fils! — s'écria le major en s'adressant à Denis, — te voilà lieutenant!...

Ce fut toute l'oraison funèbre de Karl, dont le corps fut emporté sur-le-champ.

On lava la muraille ensanglantée, on jeta du sable sur la mare de sang qui couvrait le sol, on fit disparaître toutes les traces matérielles de la scène qui venait de se passer, et personne ne songea plus à Karl, remplacé immédiatement dans ses fonctions de lieutenant par Denis Poulailler.

———

Un an environ après le jour où le nouveau lieutenant avait été admis à faire partie de l'association des *chevaliers du poignard*, vers les dix heures du soir, le signal habituel retentit à l'extrémité de l'avenue souterraine. Le quartier de roc tourna sur ses gonds invisibles; l'arrivant pénétra dans l'intérieur et se dirigea vivement vers la salle commune.

Cet homme, doué d'une finesse et d'une pénétration peu communes, se nommait Roncevaux, et c'était lui que d'habitude on envoyait aux renseignements quand le major avait quelque expédition en vue.

Tout le monde était à table au moment où Roncevaux entra.

Le bandit était déguisé en paysan, et, pour parler le moderne langage des coulisses, il avait *fait sa figure* avec un art si grand, qu'il était bien difficile, pour ne pas dire im-

possible, de ne point le prendre pour un bon gros campagnard, bien lourdaud et bien stupide.

Notons en passant que depuis plus de huit jours la troupe s'endormait dans une complète inaction, et que cette inaction pesait à tout le monde et surtout au major et au lieutenant. Aussi le major demanda-t-il tout aussitôt et avec les symptômes d'une très-vive curiosité : — Eh bien! Roncevaux... eh bien!... y a-t-il du nouveau?

— Ah! pardieu, major!... vous pouvez en jurer hardiment!...

— Une affaire?

— Oui.

— Bonne?

— Magnifique.

— Bientôt?

— Demain.

— Roncevaux, tu es un homme impayable.

— Je le sais, major.

— Maintenant, des détails.

— À l'instant; seulement, qu'on me donne à boire, je meurs de soif.

Une main obligeante s'empressa de passer à Roncevaux une cruche remplie jusqu'aux bord de bière mousseuse.

Il la vida d'un seul trait; puis, la reposant sur la table, il dit : — Maintenant, major, je suis à vos ordres.

— D'abord, — demanda le chef, — d'où viens-tu, et quel chemin as-tu suivi depuis trois jours que tu es en course?

— J'ai suivi les bords du Rhin jusqu'à Goldner...

— Ce petit village qui est à dix ou onze lieues d'ici?

— Précisément.

— Et une fois arrivé là?...

— J'y suis resté.

— À l'auberge?

— Oui, major, à l'auberge du *Faucon blanc*, une petite hôtellerie charmante, et que vous ne tarderez pas à connaître.

— Ah! diable!... c'est donc là?

— Qu'il y a un beau coup à faire, oui, major.

— Des détails, Roncevaux, des détails!...

— Major, avez-vous entendu parler quelquefois de Salomon Van Goët?...

— Le négociant juif de Cologne?

— Lui-même.

— J'en ai entendu parler cent fois. Il passe pour être immensément riche, pour avoir des correspondants et des comptoirs dans tous les pays du monde, et enfin pour prêter de l'argent aux têtes couronnées...

— Tout cela est vrai, major.

— Soit; mais qu'y a-t-il de commun entre Van-Goët, le marchand juif de Cologne, et la petite hôtellerie du *Faucon blanc* à Goldner?...

— Il y a cela de commun que maître Van Goët couchera demain soir à l'auberge du *Faucon blanc*.

— Ah! ah!

— Attendez, major, je n'ai pas tout dit et ce n'est point encore là le beau de la chose... Tandis que le négociant israélite descendra à terre, sa barque restera amarrée dans le petit port, et savez-vous de quoi elle est chargée, cette barque?...

— Ma foi, non.

— Des plus précieuses marchandises du monde entier... de bijoux d'un prix inestimable et, enfin, de sacs d'argent et de lingots d'or... il y a là de quoi nous enrichir tous d'un seul coup!...

— Es-tu sûr de ce que tu dis là? — s'écria le major dont le visage devenu pourpre de joie.

— Sûr comme de mon existence, — répondit Roncevaux.

— Cela me paraît si beau que je puis à peine y croire!

— Ah! major, ne vous exagérez pas les choses, non plus! La capture serait splendide, éblouissante, c'est vrai; mais elle me semble difficile.

— Pourquoi cela?

— La barque de Van Goët est grande, et d'ailleurs elle est défendue de manière à se trouver à l'abri d'un coup de main. Outre ses huit rameurs, le juif amène avec lui deux commis de confiance et six laquais armés jusqu'aux dents... et vous devez bien penser que tous ces gens-là ne dormiront que d'un seul œil.

— Qu'importe?

— Nous pouvons avoir dix-sept personnes à combattre.

— Des rameurs!... des commis!... des laquais!... en vérité, voilà des ennemis bien redoutables! Nous en aurons bon marché, crois-moi, Roncevaux...

— Je le souhaite, major.

— Et tu dis que le juif arrivera demain?...

— Oui, major.

— A quelle heure?

— On l'attend pour souper, c'est-à-dire vers les huit heures du soir.

— Bien!... nous serons à l'hôtellerie avant lui.

Le major se retira dans sa chambre, où il emmena Denis, afin de délibérer avec lui sur la marche à suivre pour conduire à bonne fin cette magnifique entreprise.

Voici ce qui fut arrêté dans ce conciliabule :

Chacun des hommes de la troupe allait prendre le costume et l'apparence d'un marchand ambulant.

On chargerait tous les chevaux d'autant de ballots de toile et d'étoffes qu'ils en pourraient porter; les bandits les conduiraient par la bride, et, dans cet attirail inoffensif, on irait prendre possession de l'auberge du *Faucon blanc*, de toute la partie ou moins qui resterait libre.

Ce plan était bon; seulement, il fallait le mettre à exécution sur-le-champ, pour arriver le lendemain dans la matinée, car des hommes à pied et des chevaux lourdement chargés ne marchent pas vite.

Denis reparut au milieu des bandits, auxquels il fit part des volontés du chef.

Chacun s'occupa, tout aussitôt, d'exécuter ces ordres.

En moins d'une heure, ces hommes aux visages durs et rébarbatifs avaient pris, comme par enchantement, l'aspect placide et débonnaire de bons commerçants voyageant pour leurs affaires. Les chevaux eux-mêmes, chargés de pyramides de ballots, baissaient la tête d'un air humble et ne piaffaient pas comme de coutume.

On eût dit qu'ils voulaient se conformer au rôle qu'ils étaient appelés à jouer.

Quand tout fut prêt, les chevaliers du poignard se mirent en route.

Ils étaient au nombre de sept, y compris le major et Denis. Les autres restaient au château pour le garder.

III. — L'AUBERGE DU FAUCON BLANC

Le village de Goldner, bien connu des artistes et des touristes qui visitent les bords du Rhin, est situé dans une position charmante. Aujourd'hui encore, il mire dans les eaux vertes et bleues ses maisons à pignons pointus et ses étroites fenêtres à tout petits carreaux.

Une anse microscopique sert de lieu d'asile à quelques barques de pêche et de transport, dont les voiles triangulaires frissonnent au souffle du vent.

L'hôtellerie du *Faucon blanc* existe encore de nos jours. Seulement, elle a changé de nom, nous ne savons pourquoi : elle s'appelle maintenant l'auberge des *Rois Mages*.

A l'époque où se passaient les faits que nous racontons, l'hôtellerie dont il s'agit avait deux issues principales, l'une sur la rue, l'autre sur le fleuve.

Une petite terrasse, à balustres de bois tournés, dominait le Rhin, auquel on descendait par un escalier de quelques marches dont les flots transparents baignaient la dernière.

C'est là qu'on amarrait les barques, à des anneaux de fer disposés exprès.

Dix heures du matin sonnaient au moment où les prétendus marchands, conduits par le major et par Denis, arrivèrent avec leurs chevaux pesamment chargés dans la cour de l'auberge.

Otto Gutter, l'hôte du *Faucon blanc*, sortit de la maison pour les recevoir.

C'était un homme d'une soixantaine d'années, court et gros, dont le ventre rappelait celui de Falstaff, et dont la figure offrait un échantillon de ce type grotesque, vulgairement attribué aux casse-noisettes de Nuremberg.

Malgré cette protubérance abdominale développée outre mesure et cette trogne empourprée et comique, Otto Gutter ne manquait point d'une sorte de solennité dans sa démarche.

Il se dirigea vers le major, qui se trouvait le plus avancé de son côté, et, soulevant son bonnet avec politesse, il lui dit : — En vérité, mon maître, j'en suis bien marri, mais il est de toute nécessité que je vous engage à passer votre chemin...

Le major tressaillit.

— Passer notre chemin?... — répéta-t-il.

— Mon Dieu, oui.

— Et pourquoi?

— Parce qu'il m'est impossible de vous loger...

— Votre hôtellerie est donc pleine?

— Elle est absolument vide, au contraire...

— Eh bien?...

— Mais elle est retenue.

— Pour quand?

— Pour ce soir.

— Tout entière?

— Oui.

— Et par qui, mon Dieu?...

— Par un voyageur, avec sa suite.

— Quelque grand seigneur, quelque prince?...

— Le fameux Van Goët de Cologne, — répondit Otto Gutter avec emphase.

Et tandis qu'il prononçait ce nom, il semblait se gonfler de toute l'importance du personnage qu'il était appelé à recevoir.

— Ah! s'il s'agit du fameux Van Goët, — répliqua le major, — je n'ai rien à répondre...

— Vous voyez...

— Il a retenu aussi, sans doute, vos écuries pour ses équipages?

— C'est, au contraire, la seule chose qu'il ait laissée libre... il voyage par eau...

— Mais, alors, vous pourriez loger nos chevaux?...

— Parfaitement.

— Eh bien, logez-les.

— Mais vous?...

— Oh! nous, nous coucherons à côté d'eux, sur la paille fraîche... Nous ne sommes point difficiles, et pourvu que vous puissiez nous offrir un bon dîner et un bon souper...

— Rien de plus facile : j'ai de la viande de boucherie, de la volaille, du gibier et du poisson, de quoi nourrir cent personnes...

— A merveille! donnez vos ordres, je vous prie, pour qu'on songe à notre repas, tandis que nous allons mettre nos chevaux à l'écurie...

Otto Gutter fit un signe qui équivalait à un acquiescement et tourna sur ses talons.

Le major l'arrêta.

— Les marchandises contenues dans nos ballots sont d'une grande valeur, — lui dit-il, — ne pourriez-vous les enfermer dans quelque endroit où elles seraient en sûreté ?

— Parfaitement, — répondit l'hôte; — il y a une salle basse qui semble faite tout exprès pour cet usage... Qu'on décharge vos ballots, je vous apporterai la clef de cette salle tout à l'heure.

En effet, au bout de moins d'une demi-heure, les chevaux étaient à l'écurie, devant des râteliers bien garnis, et on rangeait les marchandises en bon ordre dans une sorte de petit caveau voûté et obscur, dont le major conservait la clef dans sa poche.

Un excellent repas fut ensuite servi à la bande ; puis les uns allèrent se jeter à l'écurie sur la paille, afin d'y goûter un peu de repos, et les autres visitèrent l'hôtellerie et ses alentours, afin de se bien rendre compte des localités.

La journée tout entière se passa ainsi.

Vers le soir, quand approcha l'heure de l'arrivée de Van Goët, l'activité redoubla dans la maison.

Maître et valets déployèrent un zèle bruyant. On entendit tourner les broches, chanter les ragoûts et crépiter les fritures.

Enfin, une sorte de vigie, placée en haut de la maison, signala l'approche d'une embarcation importante qui s'avançait rapidement, poussée par ses voiles déployées et par les avirons de huit rameurs.

— Ce doit être le fameux Van Goët de Cologne! — s'écria Otto Gutter en essuyant au revers de sa main gauche son front baigné de sueur, et en se hâtant de se dépouiller du tablier blanc, insigne glorieux de ses fonctions de chef de cuisine.

C'était bien Van Goët, en effet.

Il fut impossible d'en douter lorsque la grande barque s'arrêta en face du petit débarcadère dont nous avons parlé.

Le juif archimillionnaire quitta d'un air nonchalant les coussins de velours noir sur lesquels il était étendu, et mit pied à terre.

C'était un homme de quarante ans à peine, somptueusement vêtu, d'une taille haute et riche, et dont le visage noble et régulier n'avait emprunté au type judaïque que son nez en forme de bec d'aigle, ses yeux noirs perçants et ses cheveux noirs un peu crépus.

Derrière lui marchaient deux commis, entièrement vêtus

de noir, dont l'un portait sous son bras un énorme porte-feuille rouge, assez semblable à celui d'un ministre, et l'autre une cassette de petite dimension, mais qui semblait excessivement lourde.

Derrière les commis venaient quatre laquais, équipés en hommes de guerre, ayant l'épée au côté, les pistolets à la ceinture et le mousqueton sur l'épaule.

Deux autres laquais, armés de même, restèrent sur le pont de la barque, visitèrent les amorces de leurs mousquetons et de leurs pistolets, et se mirent à se promener de long en large, comme des sentinelles en faction.

Les huit rameurs se partagèrent en deux troupes égales.

Quatre descendirent à terre.

Quatre demeurèrent dans la barque et se couchèrent sous leurs bancs.

— Diable! diable!... — se dit Denis, qui, depuis la terrasse, avait pris note de tous les détails que nous venons de mettre sous les yeux de nos lecteurs, — Roncevaux avait raison!... l'entreprise que nous allons tenter est brillante, mais dangereuse, et la réussite en est douteuse!...

La nuit arriva. Une nuit sombre et profonde, une de ces nuits sans lune et sans étoiles, qui enveloppent le monde dans un manteau d'impénétrables ténèbres.

Les quatre laquais que nous avons vus descendre avec Van Goët avaient remplacé sur le bateau et dans leur faction leurs deux camarades.

Une lanterne, suspendue au mât, éclairait leur promenade régulière et nocturne.

Onze heures du soir sonnaient.

Van Goët venait d'éteindre les bougies qui brûlaient auprès de son lit.

Dans l'hôtellerie tout semblait dormir.

En ce moment, un homme, se glissant dans l'obscurité, entr'ouvrit doucement la porte de l'écurie.

C'était le major.

— Êtes-vous là? — fit-il à voix basse.

— Oui.

— Tous?

— Tous.

— Et le lieutenant?...

— Me voici... — répliqua Denis.

— Viens avec moi, — dit le major; — le moment d'agir approche, et nous ne pourrions nous concerter ici...

Denis, sans rien répondre, se leva et suivit son chef.

Tous les deux firent le tour de l'auberge du *Faucon blanc*, et se dirigèrent vers les bords du fleuve.

Le silence était aussi profond que l'obscurité.

On n'entendait que le clapotement de l'eau contre les berges escarpées.

A cinquante ou soixante pas en arrière, on voyait luire, comme une pâle étoile, le fanal suspendu au mât du bateau.

— Ici, nous sommes encore trop près, — dit le major, — allons plus loin...

Et il continua à marcher, entraînant Denis qu'il avait pris par le bras.

Ils firent ainsi quelques centaines de pas sans échanger une seule parole.

Quand le major s'arrêta et se retourna, un bouquet d'arbres cachait la lumière de la barque, le lit du fleuve s'était escarpé de plus en plus, et l'on entendait l'eau courir et gronder à une grande profondeur.

— Je crois, — reprit le major, — je crois que maintenant nous ne risquons rien et que nous pouvons causer...

— Ah! pardieu! — répliqua Denis, — à moins que le diable ne vienne nous espionner, je réponds que personne ne nous entendra!

— Le fait est que cet endroit est sinistre, il y fait noir comme dans l'enfer, et ce bruit de l'eau qui coule sous nos pieds a je ne sais quoi d'effrayant.

— Celui qu'on précipiterait ici dans le Rhin ne reviendrait jamais accuser son meurtrier... — murmura Denis.

Le major se mit à rire.

— Qu'avez-vous donc? — lui demanda le jeune homme.

— Je pense, — répliqua le capitaine, — que si tu voulais, il te serait bien facile d'arriver à la tête de la compagnie...

— Comment?...

— Eh! tout simplement en me donnant un coup d'épaule. Je ne sais pas nager.

Denis tressaillit.

— Ah! pardieu! — s'écria-t-il, — major, c'est une idée!... Il est gaillard qu'elle vienne de vous!...

Et, avant même d'avoir achevé cette réponse, Denis Poulailler frappait le major d'un coup de poignard en plein cœur, et le précipitait dans le Rhin.

On entendit un cri étouffé, un bruit sourd, un clapotement d'eau... Ce fut tout...

1 Historique et textuel.

FIN DE LA PREMIÈRE SÉRIE

Paris. — Imp. de Édouard BLOT, rue Saint-Louis, 46.

www.ingramcontent.com/pod-product-compliance
Lightning Source LLC
LaVergne TN
LVHW052149080426
835511LV00009B/1751